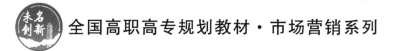 全国高职高专规划教材·市场营销系列

营销心理

来家建 王 烈 徐纪敏 编著

内 容 简 介

本书把心理学的知识与营销心理有机地融合在一起,根据职业学院学生的实际水平,运用典型案例和图表、图示对理论内容进行了概括性的阐述。书中还设计了小组课堂讨论、情境设计和社会调查、观察与思考四种不同的营销心理实训内容,以帮助学生更好地学习。

全书共分为九章,包括:人心是营销的终极战场,营销活动与人的感知心理,营销活动与人的表象和记忆过程,营销活动与注意力,营销活动与人的联想和想象过程,营销活动的思维与概念,营销活动与人的情感过程,营销活动与意志心理过程,顾客个性心理与购买行为。

本书可作为高等职业院校市场营销专业学生用书,也可供相关从业人员参考使用。

图书在版编目(CIP)数据

营销心理/来家建,王烈,徐纪敏编著. —北京:北京大学出版社,2013.8
(全国高职高专规划教材·市场营销系列)
ISBN 978-7-301-22963-7

Ⅰ.①营… Ⅱ.①来…②王…③徐… Ⅲ.①市场心理学—高等职业教育—教材 Ⅳ.①F713.55

中国版本图书馆 CIP 数据核字(2013)第 179683 号

书　　　名:	营销心理
著作责任者:	来家建　王　烈　徐纪敏　编著
策 划 编 辑:	桂　春
责 任 编 辑:	桂　春
标 准 书 号:	ISBN 978-7-301-22963-7/F · 3700
出 版 发 行:	北京大学出版社
地　　　址:	北京市海淀区成府路 205 号　100871
网　　　址:	http://www.pup.cn　新浪官方微博:@北京大学出版社
电 子 信 箱:	zyjy@pup.cn
电　　　话:	邮购部 62752015　发行部 62750672　编辑部 62765126　出版部 62754962
印 刷 者:	北京飞达印刷有限责任公司
经 销 者:	新华书店
	787 毫米×1092 毫米　16 开本　11 印张　254 千字
	2013 年 8 月第 1 版　2013 年 8 月第 1 次印刷
定　　　价:	24.00 元

未经许可,不得以任何方式复制或抄袭本书之部分或全部内容。
版权所有,侵权必究
举报电话: 010-62752024　电子信箱: fd@pup.pku.edu.cn

前　言

营销心理是由心理学和营销学形成的交叉学科。它既需要心理学的基础知识，又需要营销学的基础知识。它是运用心理学的基本原理来指导、解决营销实践活动的具体问题而形成的交叉学科。

在任何交易活动中，无论是买方还是卖方，都会产生营销心理。因此，营销心理既要研究企业营销人员的销售心理，也要研究客户、消费者的购买心理。因为现代社会一切经济活动都离不开交易过程，所以营销心理必然涉及参与营销活动的每个组织和每个人。它对人们实际生活的影响不言而喻。

在市场经济的环境中，买卖双方的地位和心理，完全可以随着交易内容和条件的不同而不断转换。在某种交易内容和条件下，你可能是卖方；在另一种交易内容和条件下，你就可能成为买方。如果营销者和顾客能够熟悉交易双方的心理活动规律，那就可以做到"知己知彼，百战不殆"，最大限度地维护自己的经济权益。

呈现在读者面前的这本《营销心理》，有以下几个特点：

第一，符合职业学院学生的实际水平，遵循职业教育适度够用的原则，理论深入浅出，案例简洁明了，阐述言简意赅、通俗易懂，既减轻了学生的学习负担，又有利于学生深入思考问题和理解学习内容。

第二，利用图表的形式，以容纳较多的营销心理知识点，把各部分的知识点，融合在一起讲授，使本书既有相对完整的知识体系，又有显著的独创性。

第三，紧密结合营销专业的主干课程营销基础教科书，使市场营销心理的战略、战术建立在扎实的营销基础之上。

第四，精心设计了小组课堂讨论、营销情境、社会调查、观察与思考四种不同的实训内容，以帮助学生更好地学习。

本书由来家建、王烈、徐纪敏合作完成。总体设计方案经集体多次研究，反复推敲。写作大纲和正文的第一章、第二章、第四章、第五章，由来家建高级营销师负责编写；第六章、第七章、第八章由王烈教授负责编写；绪论、第三章由徐纪敏教授负责编写。本书由徐纪敏教授负责全书所有图表的设计、绘制工作，由徐纪敏、王烈教授负责审阅统稿工作。

《营销心理》一书的出版,得到了广州南洋理工职业学院院长齐凯琴教授和院职业教育研究所周榕君所长的全力支持,得到了北京大学出版社领导的大力帮助,包含了该书责任编辑桂春老师的辛勤劳动和智慧,在此我代表本书全体作者表示真诚的谢意。

徐纪敏

2013 年 8 月

本教材配有教学课件,如有老师需要,请加 QQ 群(279806670)或发电子邮件至 zyjy@pup.cn 索取,也可致电北京大学出版社:010-62765126。

目 录

绪论　人心是营销的终极战场	(1)
第一章　营销活动与人的感知心理	(7)
第一节　营销活动与人的感觉过程	(7)
第二节　营销活动与人的知觉过程	(20)
第二章　营销活动与人的表象和记忆过程	(32)
第一节　营销活动与人的表象过程	(32)
第二节　营销活动与人的记忆过程	(41)
第三章　营销活动与注意力	(56)
第一节　注意力经济	(56)
第二节　吸引公众注意力	(60)
第三节　艺术与营销注意力	(67)
第四节　名人与营销注意力	(69)
第四章　营销活动与人的联想和想象过程	(77)
第一节　营销活动与人的联想过程	(77)
第二节　营销活动与人的想象过程	(87)
第五章　营销活动的思维与概念	(93)
第一节　营销活动的思维	(93)
第二节　营销活动概念与过程	(102)
第六章　营销活动与人的情感过程	(110)
第一节　情感营销	(110)
第二节　微笑营销和言语营销	(120)
第三节　人性化营销	(129)
第七章　营销活动与意志心理过程	(132)
第一节　营销活动与意志心理过程概述	(132)
第二节　营销人员的意志品质	(135)
第三节　顾客的意志心理过程	(139)
第八章　顾客个性心理与购买行为	(145)
第一节　顾客的个性心理	(145)
第二节　顾客个性心理的购买行为	(148)
第三节　细分市场的顾客个性心理	(157)
参考文献	(168)

绪论　人心是营销的终极战场

一、"得人心者得市场"

《孙子兵法》曰："故上兵伐谋,其次伐交,其次伐兵,其下攻城。"①明确指出征服人心是战争的首要任务。战争的最高境界是"不战而屈人之兵"。后来被历代军事家发展为"攻心为上,攻城为下,心战为上,兵战为下"的战略思想。

孟子曰："桀纣失天下也,失其民也;失其民者,失其心也。得天下有道,得其民,斯得天下矣。得其民有道,得其心,斯得民矣。得其心有道,所欲与之聚之,所恶勿施尔也。"②说的就是"得人心者得天下"的道理。

什么是"得人心"?

通俗地说,老百姓希望得到的东西,应该尽量予以满足;老百姓不喜欢,甚至厌恶的东西,就绝对不能强加给他们。历朝历代凡是"得人心"的君主,都能开创"太平盛世";凡是"失人心"的君主,最终只能是桀纣之辈,被钉在历史的耻辱柱上。

西方的文化传统,从文艺复兴时代的"天赋人权",到现在的"人本主义",体现的是对人的尊重和敬畏,探究的是人、人性、人格和人的心理等问题。

营销界也信奉一句话:"商场如战场"。这就意味着在一定的条件下,可以借用军事学的一般规律和战略、战术来开展营销活动。既然战争的最高境界是"不战而屈人之兵",那么市场营销的最高境界,也应该是"不战而屈人之兵";既然"攻心为上"是重要的军事战略思想,那么"攻心为上"也应该是营销活动重要的战略思想;既然"得人心者得天下",那么"得人心者得市场"必然是顺理成章。

从市场营销的理念来说,旨在让企业的商品能够打动人心、深入人心,使企业的精神能够得到公众的认同,继而成为企业"忠诚的粉丝",使有形的营销活动,转化为无形的营销过程。这就要求营销人员的眼光,不要局限于一城一地市场之得失,也不在于一时一刻利润之多寡,而是要"得人心"。

怎样才能做到"得人心"?

关键是营销人员必须了解公众、顾客和消费者的心理③,与他们保持心理沟通和情感

---

① 郭化若.孙子兵法·谋攻篇[M].上海:上海古籍出版社,2006.
② 金良年译注.孟子·离娄上[M].上海:上海古籍出版社,2004.
③ 公众、顾客和消费者,在市场营销界是三个不同层次的概念。公众就是社会大众,他们有可能成为购买商品的潜在顾客;顾客是指花钱购买商品的人,该商品既可以自己消费,也可以给他人消费;消费者是指直接消费商品的人。因此,顾客不一定是消费者;消费者也不一定是顾客;公众可以是现实的顾客或消费者,也可以是潜在的顾客或消费者。请同学们务必注意这三个概念之间的细微差别。

交流，从而了解他们的需要。

企业"得人心"最重要的原则是：公众、顾客和消费者需要的商品，企业应保质、保量地供应，以满足他们的需要；公众、顾客和消费者不需要的商品，企业就一定不能通过欺行霸市、坑蒙拐骗等手段，强加给他们。

企业除了满足市场需要，提供价廉物美的商品以外，还应该积极、主动地创造市场，引导公众消费。这就是说，企业应该根据社会发展和科技进步的趋势，为公众提供可以不断提高生活质量的新的商品。尽管这些商品公众现在并不需要，或者其觉得没有这种需要。很多高科技商品的入市，并不是来自公众的需要，而是科技发展的逻辑结果，是通过营销人员的努力，使公众认识到这些高科技商品对提高他们生活质量的重要性才开拓出的新市场。这就是征服人心创造出来的新的需要。

企业"创新"的本质，就是要"创公众之需要，新公众之耳目"，也就是不断"创新人心"的过程。因此，企业营销策划的过程，就是"谋人心"的过程。经营企业就是经营人心，营销商品就是营销人心！

经营人心主要是指企业要征服内部的人心（包括营销人员在内的企业所有员工），要让企业员工愿意为企业的发展努力工作；营销人心主要是指企业要征服外部的人心（公众、顾客和消费者），让他们愿意购买、消费企业的商品。

人类所有的生产活动，最终都归结到人本身的消费。而人的一切消费，都是为了人的生存、发展和享乐。不了解"人心"的这个终极目的，就无法做好市场营销工作。

二、市场营销与营销心理

从"得人心者得市场"这个基本前提出发，还必须进一步探究在市场营销过程中如何"得人心"的问题。这就从纯粹的市场营销经济领域，进入到研究"人心"的营销心理领域；从纯粹的交易行为，转变为探究交易行为产生的心理动因。

同学们会问：什么是人的心理？什么是心理问题？人为什么会产生各种正常或者不正常的行为？不同的人为什么会在思想上、行为上出现差异？

人生活在一定的自然环境和社会环境中，会从环境中获得大量的信息。这些信息通过人的各种感觉器官到达大脑，从而产生各种心理活动。这些心理活动，在"趋利避害"本能原则的指导下，支配着人们采取各种行为，目的是有利于人的生存和发展。

人的各种心理活动和行为，是人脑对客观物质世界的主观反应。人的心理现象和心理活动之所以产生，完全是人的大脑高度发展的结果。因此，只有人脑，才能产生合乎人类社会生活法则的心理、思想和行为。人与人之间在行为上、心理上存在着相似性，是因为人类的大脑结构与运行机制基本相同；人与人之间在心理上、行为上之所以存在差异，是因为每个人的大脑结构和生存环境存在着一定的差异。

交易活动是人类最重要的经济活动。在交易过程中也会产生很多信息。这些信息，通过交易双方的感觉器官，汇集到他们的大脑，从而产生各种心理现象和心理过程。正是这些心理现象和心理过程，支配着交易活动的整个进程。

在卖方市场的条件下，商品供不应求。交易过程由卖方主导，买方处于弱势地位。这时,卖方基本上不需要什么营销活动,更不需要对买方的购物心理进行研究①。可是在买方市场的条件下,商品供大于求。卖方必须通过营销才能在激烈的市场竞争中占据一席之地。这就迫使卖方要对买方的购买心理进行研究。

随着营销心理研究的不断深入,经营者逐渐发现:交易活动并不是原来想象的"一手交钱,一手交货"那种简单的价值交换活动,而是一种非常复杂的心理博弈过程。因此,营销的终极战场并不在市场,而是在人心。

交易的实质是什么?

交易的实质是:交易活动的双方,都想以自己的"有余"来换取自己的"需求"。虽然交易的一般经济原则是"等价交换",但交易的一般心理原则却是"己方利益最大化"。这就使一般的经济原则和一般的心理原则在交易过程中发生冲突。因此,交易过程就不单是货币与商品的交换,而是买卖双方心理的较量、智慧的博弈过程。在成熟的市场经济条件下,这种心理较量和智慧博弈,并不只是在实施交易的买卖双方之间展开,而是在全社会所有供应和购买同一种商品的卖方和买方之间全面较量,从而形成复杂的营销心理竞争态势。

面临这种复杂的营销心理竞争态势,如果不进行科学的研究,就很难在竞争中取胜。这就更显现出营销心理研究的必要。

三、营销心理的研究对象

心理学与营销学的交集,形成了一个新的研究领域——营销心理②,其交集示意图如图0-1所示。

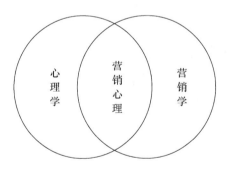

图0-1 营销心理交集示意图

营销心理的研究对象是交易过程中买卖双方的心理博弈及其对交易活动的影响。

营销心理既包括卖方的心理活动,也包括买方的心理活动③。营销心理研究主要有以下两方面的内容:

---

① 营销是交易双方都需要进行的双向沟通的过程,并不只有卖方才需要营销。在卖方市场的条件下,恰恰是买方需要开展相应的营销活动,要研究卖方的心理活动过程。

② 我们认为,营销心理还有待进一步的系统研究。迄今为止,营销心理的所有研究成果,还不足以支撑起一门成熟的学科。因此,本教材取名《营销心理》,而不称为《营销心理学》。

③ 很多人以为只有卖方才需要营销,买方是不需要营销的。这是对营销概念的一种误解。营销是一个中性的概念,交易双方是一对矛盾的统一体。营销过程就是交易双方心理博弈的过程。只不过在买方市场的条件下,营销的主导权在卖方。

（一）一般营销心理研究

一般营销心理研究的是人们在交易过程中，一般都会表现出来的心理活动过程。

人们在交易活动中的一般心理过程，大致可以分为知、情、意（即认知、情感、意志）三个部分。人们在营销过程中产生的各种心理现象，既可以是知、情、意三种心理活动各自作用的结果，也可以是知、情、意三种心理活动综合作用的结果。具体如图0-2所示。

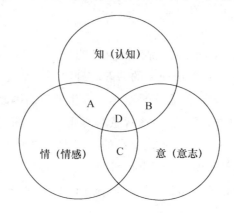

图0-2　知、情、意形成人的一般心理活动过程

A—知与情的交集；B—知与意的交集

C—情与意的交集；D—知情意的交集

（二）个性营销心理研究

个性营销心理研究的是作为"个体"的人，在营销活动过程中表现出来的特殊心理活动（个性）。重点研究不同"个体"的人，在营销活动过程中心理活动的区别。

当然，要想研究每一个"个体"在营销活动中的心理活动，是根本不可能的。因此，可以利用市场营销学中的"细分"战略，对不同细分市场目标群体的心理进行研究。例如女性营销心理、男性营销心理、老年营销心理以及儿童营销心理等。

四、营销心理方法论

正确的研究方法是获得可靠结论的重要手段。营销心理的研究也是这样。营销心理常用的研究方法如图0-3所示。

应用辩证法的规律研究营销心理时，必须注意这些基本范畴在一定的条件下是可以相互转化的。在交易过程中，交易双方的心理活动和心理现象之间的因果关系，一般来说是确定的。卖方的营销活动是原因，买方的购买行为是结果。可是从人的心理发展过程来说，交易双方的心理活动与心理现象之间的因果关系，又是不确定的。也就是说，在一定的条件下，当某些营销心理现象可以促使人的营销心理活动发展时，它们之间的因果关系就发生了转化，买方的心理现象成了原因，而卖方的心理活动则成了结果。

要使营销心理的研究结论具有普遍的指导意义，就必须使这些研究结论能符合客观性和可检验性的要求。因此，在使用科学层面的具体方法时，必须注意这些方法的应用环境是否具有客观性和可检验性。否则得到的营销心理结论就是不科学的。

分类法要特别注意分类标准的统一。使同一类的人群具有大致相同的营销心理,不同类的人群具有比较显著的营销心理的差别。

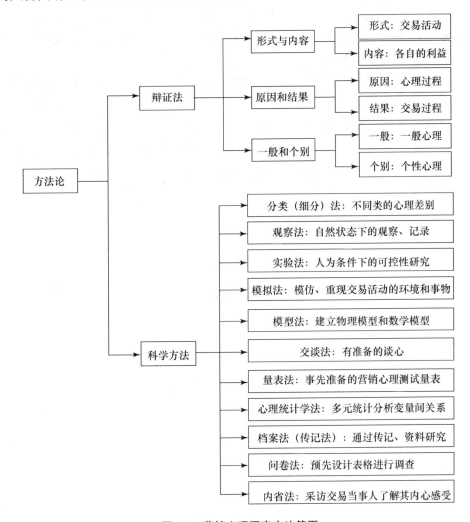

图 0-3 营销心理研究方法简图

观察法要注意保持营销活动在没有受到干扰的自然状态下进行。不能有人为安排的条件出现。

实验法可以分为自然实验法和实验室实验法两种形式。自然实验法是在现实的交易环境中,通过适当控制或创造某些条件,观察交易双方营销心理的变化;实验室实验法是利用特殊的心理实验设备,对交易双方的营销心理进行研究。

模拟法的研究环境,要和现实的交易环境一致,或基本一致。

模型法要注意抽象出最主要的营销心理因素来构造适当的模型。

交谈法可以是一对一的谈心方式,也可以是座谈会的方式。可以预先准备好调查提纲。如果被调查者能积极配合,调查的效果也很好。

量表法的关键是量表的制作应该科学,具有可检验性。

营销心理统计法的可靠性,依赖统计数据的正确性。

档案法(传记法)的正确性在于档案记录的可靠性、准确性。

问卷法虽然简单,但是要得到正确的结论,问题的设计必须全面、明确,而且要求填表者能够积极配合,表达他们真实的心理活动。

内省法可以采用口语记录、问卷法、语义差别法、访谈法等多种形式。前提也应该是被调查者真实的心理活动的表露。

此外,还有个案研究、发展研究、跟踪研究、跨文化研究等各种研究方法。随着社会的发展,营销心理的研究方法还将不断出现。

通过各种方法的综合运用,就可以大致了解交易双方在交易活动中的一般心理过程和个性心理过程,从而可以有针对性地开展各种营销活动,激发有利于交易顺利进行的心理活动,预防不利于交易顺利进行的负面心理活动的出现。

第一章 营销活动与人的感知心理

人的心理活动,既包括感性心理阶段的感觉、知觉、注意、记忆、表象、联想与想象等过程;也包括理性心理阶段的思维与概念等过程,如图1-1所示。

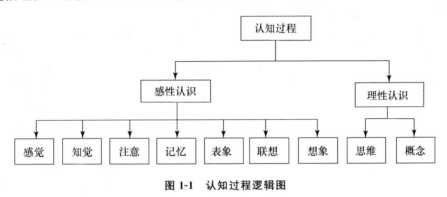

图1-1 认知过程逻辑图

第一节 营销活动与人的感觉过程

感觉是一切心理活动之源。研究交易双方的营销心理,必须从人的感觉过程开始。

一、营销活动中的感觉

公众对商品的认识,都是从感觉开始的。充分利用感觉的心理规律,就可以使商品信息顺利进入公众的感觉器官。

(一)营销活动必须注意人的感受

只有在公众感觉器官最适宜的范围内开展营销活动,才有最大的商品感觉效果。营销人员用舒缓、优雅的言语向公众介绍商品信息,就比声嘶力竭的叫卖声更能让公众接受。

(二)充分利用感觉阈限规律

人的感觉器官对外界信息的感觉有一定的范围。只有处在这个感觉范围内的信息,才能被人感觉到。这个有效的感觉范围,称为感觉阈值。商家传播的商品信息,如果不能处于公众的感觉阈值范围内,就是营销资源的浪费。

1. 改变商品因素,必须考虑感觉阈限

在市场经济的条件下,企业会经常改变商品因素。根据这种改变是否需要引起公众注意,可以采取不同感觉阈值的战术。

(1)当商品因素(重量、规格、包装、质量等)发生负向变化时,变化的幅度要小。因为越是接近公众感觉阈限的低端,公众就越不容易发现。这样才能避免商品品牌的市场震荡。即使因为成本或者其他原因,需要对商品采取较大的负向改变时,也不应该"一步到位"。可以采取"走小步、走慢步"的方式。使商品的每一次改变,都不会引起公众太大的感觉。

(2) 当商品因素(重量、规格、包装、质量等)发生正向变化时,变化的幅度要大。因为越是接近公众感觉阈限的高端,公众就越容易感知这种变化。它可以使公众产生惊喜的心理。商家通常的做法是在新包装上特别提示,如"加量不加价"、"提质不提价"。公众的感觉越是强烈,就越容易产生"合算"、"便宜"等心理。

2. 山寨货与名牌商品

(1) 山寨货出现的规律。任何一个在市场上获得成功的商品,很快就会有仿冒者出现。特别是那些受欢迎的名牌商品,更容易被仿冒。仿冒者为了达到混淆视听、鱼目混珠的目的,常常采取"以假乱真"、"惟妙惟肖"、"大同小异"等手法,尽可能减少与名牌商品在感觉阈限上的差异。顾客一不留神,就会吃亏上当。

(2) 山寨货的营销心理。山寨货能够立足市场,从市场上分得一杯羹,有其营销心理的原因。

第一,顾客在购买商品时,由于各种原因,对商品的选择、分辨不很仔细,使山寨货有机可乘。

第二,山寨货与名牌商品实在太像,使顾客很难分辨。当山寨货与名牌商品在外形、商标方面的相似度在90%以上时,公众需要1分钟的分辨时间;如果相似度在95%以上时,公众需要2分钟的分辨时间。如果公众想要在听觉、味觉、触觉方面感觉山寨货与名牌商品的差别,那就更不容易了(见图1-2~图1-5)。

图1-2 山寨货与品牌商品比较之一

图1-3 山寨货与品牌商品比较之二

图1-4 山寨货与品牌商品比较之三

图1-5 山寨货与品牌商品比较之四

山寨货不但会侵蚀名牌商品的市场,而且会损害品牌的信誉,很多企业不得不为此支出高额的打假费用。为防止山寨货鱼目混珠,必须加大与山寨货在感觉阈值上的区别,便于公众识别。具体可采用以下战术:

第一,采用山寨货难以仿冒的防伪标识。山寨企业的科技实力不如名牌企业,要想在防伪标识上也相似,不但有技术难度,而且加大了山寨企业的成本。

第二,加强宣传。营销心理证明:区别名牌商品与山寨货感觉阈值差所花费的时间,与注意力成正比。顾客对商品的注意力越集中,就越容易发现两者在感觉阈值上的差别。名牌商品企业可以通过告示、警示、提示、比较、举报奖励等手段,广泛宣传名牌商品与山寨货在感觉阈值方面的差异性。这样,顾客就可以把注意力集中到这些感觉阈值的差异上。

3. 假币

在交易活动中出现假币,是使用假币的一方对另一方经济权益的侵犯,是犯罪行为。假币之所以能够在市场流通,也是因为假币与真币之间的感觉阈值差别甚小。匆忙进行的交易,就有可能使假币进入流通领域。因此,凡是涉及现金的交易,交易双方都必须要有区别假币和真币感觉阈值的能力。在收付现金时,应该放慢交易速度,使用合格的验钞机帮助分辨真伪。为了增加双方的听觉阈值,对商品报价和现金收付的数额,应答要响亮清晰,避免发生差错和误会。

4. 价格的感觉阈限

"价格为王",说明商品价格在公众心理中的重要地位。利用价格的感觉阈限规律,可以使公众对商品价格产生相应的心理反应。

(1) 商品价格稳定的心理效应。稳定的商品价格,既可以使顾客产生"商品质量稳定"的心理感觉,又可以使顾客形成商品的购买习惯。

(2) 商品价格变化的心理依据。在市场经济体制下,商品的价格会随着市场条件的变化而波动。为此,必须利用顾客对商品价格感觉阈限的心理规律来影响顾客的购买活动。

第一,顾客对提价的心理反应。商品提价应该采取多次、小幅提价的方法。每次价格变化的幅度,应尽量处于顾客价格感觉阈限的低端。这样既可以照顾顾客的购买习惯,又可以使顾客在心理上容易接受价格的变化。经过一段时期多次小幅提价后,最终把价格调整到目标价位上。为了不引起顾客的心理波动,提价应悄然进行。

第二,顾客对降价时的心理反应。顾客对商品降价的心理反应比较复杂,必须具体分析。

顾客对商品降价,可以引起正向和负向两种截然不同的心理反应。正向的心理反应:下调的价格,如果达到或者低于顾客的心理价位,顾客会感到"物有所值"、"物超所值",会采取多购买商品的行为。负向的心理反应:商品质量是否也随之而下降?是否是滞销或过期商品?

根据顾客这两种不同的心理反应,商品降价时,更要注意感觉阈限规律的运用。既不能一次降价过多,以免顾客对商品质量产生怀疑;也不能在某个阶段降价次数过多,以免顾客产生"商品卖不掉"的感觉。

为此,商家的降价应该采取一次性的中幅调整。既可以使顾客感觉得到了实惠,又不至于动摇商品的形象。

当商品不得不大幅度降价时,应该给顾客一个不损害商品形象的降价"理由"。例如"答谢顾客厚爱"、"企业庆典活动"、"节假日大放送"、"商品促销"、"合同到期"、"转行经营"、"告别返乡"等,或者是"出口转内销"、"过季商品"、"尾货商品"、"尺码规格不全商品"、"样品处理"、"残次品处理"、"受灾物质处理"等。这些"理由",可以使顾客在心理上承认、容忍或者谅解商品降价。只要商品的基本功能不受影响,也会受到一部分顾客的青睐。

降价应该大张旗鼓地宣传,目的是引起公众的感觉。企业可以利用旗幡①、横幅、标语、人员促销等营销手段进行宣传。

第三,抓住顾客"买涨不买落"的心理。因为商品信息对交易双方来说是不对称的,所以公众很难知道商品价格的趋势。这时,商家可以把该商品在未来某个时间"铁定"要"提价"的信息广而告之。目的是在市场上给顾客造成该商品要"涨价"的心理恐慌,以刺激销售。这是一些高价商品(例如住房、黄金饰品、宝石、奢侈品、高档烟酒等)的营销中经常使用的心理战术。

(3) 公众对价格差异感觉的心理实验。

实验一: 如表 1-1 所示,某人在 A 商店选购电热水袋,当获知 B 商店同样品牌的商品价格比 A 商店便宜 3 元时,有多少人愿意放弃 A 商店而到 B 商店选购电热水袋?(从 A 到 B 没有额外的货币支出)

实验二: 如表 1-1 所示,某人在 A 商店选购空调,当获知 B 商店空调的价格比 A 商店便宜 3 元时,有多少人愿意到 B 商店选购空调?

表 1-1　价格差异感觉心理实验表一

价格假设条件		A 商店	B 商店	实验结果	
				仍在 A 商店	改去 B 商店
实验一	电热水袋	35 元	32 元		
实验二	空调	3010 元	3007 元		

实验三: 如表 1-2 所示,选择 4 个不同收入档次的公众进行价格敏感性调查。空格内为调查人群对价格变化的敏感性得分。非常敏感 4 分、敏感 3 分、有感觉 2 分、无所谓 1 分。每个收入档次至少调查 4 人。调查的人数越多,结果的误差就越小。

实验四: 如表 1-3 所示,随机选择周围的同学,进行价格敏感性调查。空格内为该同学对价格变化的敏感性得分。非常敏感 4 分、敏感 3 分、有感觉 2 分、无所谓 1 分。每个收入档次至少调查 4 人。调查的人数越多,结果的误差就越小。

---

① 我国港台地区在商品大减价时,常常会在商店门口及人流密集的区域,挂出各种减价的广告旗幡,以招徕顾客。在圣诞节及春节前 30 天,各主要商业街挂满了色彩斑斓的旗幡,形成极具视觉冲击力的商业风景线。

表 1-2　价格差异感觉心理实验表二

价格敏感性 原价100元		月收入														
		1000—2000元				2000—3000元				3000—5000元				>5000元			
		1	2	3	4	1	2	3	4	1	2	3	4	1	2	3	4
涨价幅度 (元)	1																
	5																
	10																
	50																

表 1-3　价格差异感觉心理实验表三

价格敏感性		日常生活必需品								非日常生活必需品							
		食堂菜价				水果价格				高档香水				高档化妆品			
		1	2	3	4	1	2	3	4	1	2	3	4	1	2	3	4
涨价幅度 (元)	1																
	1.5																
	2																
	2.5																

实验五：如表 1-4 所示，随机选择周围的同学，进行价格敏感性调查。空格内为该同学对价格变化的敏感性得分。非常敏感 4 分、敏感 3 分、有感觉 2 分、无所谓 1 分。每个收入档次至少调查 4 人。调查的人数越多，结果的误差就越小。

表 1-4　价格差异感觉心理实验表四

价格敏感性		成为社会焦点的商品								社会不关注的商品							
		火车票				普通住房				高级游艇				高档别墅			
		1	2	3	4	1	2	3	4	1	2	3	4	1	2	3	4
涨价幅度 (%)	1																
	5																
	10																
	20																

总结上述心理实验的结果，可以发现以下 4 条关于价格差异的营销心理规律：

第一种情况（实验一与实验二）：公众对相对价格差异的感觉，比对绝对价格差异的感觉更敏感。这是营销心理中著名的"韦伯-费希纳定律"：即购买者对价格的感受与基础价格的水平有关；购买者对价格的感觉，更多地取决于其相对价格的变化，而非绝对价格的变化。

第二种情况（实验三）：随着消费水平的提高，公众对价格差异感觉的敏感性会逐渐降低。

第三种情况（实验四）：公众对日常生活必需品的价格差异敏感性大，对非日常生活必需品的价格差异敏感性小。

第四种情况（实验五）：公众对成为社会焦点问题的商品，价格差异敏感性大，对社会不关注的商品价格差异敏感性小。

实验三、实验四、实验五的结论,是韦伯-费希纳定律的推论。

从韦伯-费希纳定律可以推论出公众对高价商品的降价幅度和低价商品的降价幅度的心理反应(见表 1-5、表 1-6)。

表 1-5　消费者对高价商品降价幅度的反应

原来价格 3000 元商品降为	消费者的反应
2000 元	怀疑质量有问题
2500 元	感觉真的降价了
2950 元	差异太小,不会激发购买心理

表 1-6　消费者对低价商品降价幅度的反应

原来价格 10 元的商品降为	消费者的反应
9.5 元	哦,商品降价了
8 元	价格降得真多
5 元	肯定是处理品,但不会怀疑质量问题

利用韦伯-费希纳定律,可以对不同价格的商品,根据调价在公众心理上的不同反应,采取相应的措施。

(4) 山寨货的市场心理

山寨货之所以有市场,除了它们善于伪装,能够鱼目混珠外,还因为它的价格与名牌商品价格的感觉阈限差别太大。很多顾客就是因为山寨货便宜,才在心理上产生认同感。他们的心理动机是"自己虽然买不起名牌商品,但是购买山寨货,也可以满足自己的虚荣心理。"

5. 渠道的感觉阈限

渠道对公众的感觉阈限有很大的影响。

第一,实力的象征。公众如果感觉企业非常气派,就会对企业产生"有实力"的心理印象,并对企业商品产生信任感。

第二,促使购买力的释放。终端渠道(零售商)的硬件建设(靓丽的装修、装饰,合适的温度,电梯等),有助于吸引购买力。顾客都希望到环境舒适、赏心悦目的场所购物,不喜欢在脏乱差的地方买东西。虽然顾客也知道硬件建设的成本是要分摊到商品的价格中去,但是很多顾客在心理上把购物和休闲联系在一起,他们宁愿多花钱,也喜欢到硬件设施完善的场所购物。这正是城市的商业中心、繁华的商业圈能够吸引大量购买力的心理原因。

第三,耳目一新的感觉。商家历来重视商品的堆头[①]、橱窗陈列、模特出样、实景布置,这是充分利用感觉阈限规律的实例。这些做法可以使公众对商品有强烈的感觉刺激,产生深刻的印象,不容易遗忘。

---

① 堆头是终端渠道为了突出某个商品给公众的感觉,特地布置的商品陈列。

第四，统一的视觉感受。公众对连锁店的印象为什么那么深刻？那是因为连锁店有统一的门店设计、统一的装潢、统一的色调、统一的商品摆放、统一的着装、统一的服务。公众在不同的连锁店里，都可以获得同样的感觉信息，通过反复强化刺激而加深印象。

6. 广告的感觉阈限

营销心理实践证明，电视广告持续时间短于3秒钟，就很难引起公众的视觉感受；多于15秒，也会引起公众的厌烦心理。广告中各种信息的强度，都应该使公众能产生中等程度的感觉。靠近感觉阈限高端的信息刺激太强，容易产生不舒服和心理疲劳的感觉；靠近感觉阈限低端的信息刺激太弱，不容易使人产生比较深刻的感觉。两者都不会有好的广告效果。

（三）公众感觉的变化

随着条件的变化，公众的感觉也会发生变化。注意公众感觉的这种变化，就可以使营销成本发挥最大的经济效益。

1. 避免公众的"感觉适应"

"感觉适应"是一种特有的心理现象。它是指某种感觉对公众的刺激多了，公众就会逐渐适应这种感觉，从而降低对这种刺激的感受性。"入芝兰之室，久而不闻其臭"是嗅觉的适应；"视而不见，听而不闻"是视觉和听觉的适应。公众对商品的感觉一旦产生适应性，就会降低对商品信息的感觉能力。

精明的商家每隔一段时间，就会变换商品的外包装。目的就是为了打破公众对商品外包装的适应性，引起公众新的感觉。商店根据不同的季节、时令和活动主题，引进新的商品，或者改变商品在货架上的位置，可以使公众的感觉重新敏锐起来。

在营销活动中，想通过增加某种信息强度激发公众购买欲望的做法欠妥。因为长期的刺激会引起公众感受性的降低。商家可以通过调整商品信息的作用时间，变换信息的发布方式，采用新颖活泼的表现形式等营销手段，防止公众感受性的降低。

"一招鲜"[①]可以提高公众的感受性，增加购买力，可是当竞争者的模仿行为泛滥时，"一招鲜"也不可能"吃遍天"了。因为公众对这种营销战术的感受性降低，减少了购买欲望。

2. 利用感觉对比

顾客常常会利用感觉对比来选择商品。只要企业的商品在价格、包装、质量、广告、情感等某个营销因素上，能明显超过同类商品，顾客通过感觉对比，就很容易认同、购买该商品。

在销售旺季到来之前，商家会把商品原来的价格打个大叉，并醒目地标示现在的价格。这就是利用感觉对比的心理效应，使顾客确实"感觉"到价格下降的幅度。当然，细心的顾客有时也会发现：在这之前，商家已经悄悄地大幅度提高了该商品的售价。因为提价时生意清淡，所以公众不可能有感觉。显然，商家这种"预提价"的目的，就是为了能在销售旺季再"降价"。这样，就可以利用感觉对比的心理效应吸引顾客购买。

---

① 通常指企业运用某种特殊的营销战术，进行差异化营销，可以取得满意的营销效果。

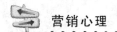 营销心理

感觉对比的心理效应要能获得成功,最重要的是有可供比较的参考对象。如果公众完全相信商家提供的这个参考对象进行购物决策,难免会上当。当然,商家提供虚假的参考对象,属于价格欺诈行为。

营销应该突出商品差异化的特点,并以此作为"卖点",就可以"掩盖"或者"弱化"公众对商品其他方面的负面感觉,提高对商品的整体好感。"一俊遮百丑"就是这种心理反应。

> **案例 百事可乐之崛起**
>
> 百事可乐之所以能从面临倒闭的竞争失败者,一跃成为可口可乐的市场竞争者,完全得力于感觉对比的心理效应。
>
> 1983年元旦前后,全美国出现了这样的电视广告:在街头,随机给任何行人两杯他不知道品牌的可乐,要求行人根据自己的味觉判断:哪个杯子里的可乐更符合他的口味。经过大量数据的统计,80%的行人认为百事可乐的口味好。比较的结果出乎人们的心理预期。这就使百事可乐声名鹊起,动摇了可口可乐市场领导者的地位。
>
> 可口可乐的CEO根本不相信心理测试的结果。他们自己组织营销人员进行味觉对比的心理实验。足够数量的统计数据证明:受试验者确实更青睐百事可乐的口味。这个味觉对比心理实验,迫使可口可乐改变了传统的配方①。

(四)联觉作用

红、橙、黄色可以使人联想到暖的感觉,被称为"暖色调"。冬天使用这些色彩,可以使顾客产生温馨的感觉;绿、青、蓝可以使人联想到冷的感觉,被称为"冷色调"。在夏天利用这些色彩,可以使顾客产生凉爽的感觉。

快餐店如果以红色或橙色作为环境的主色调,容易使顾客联想到饥饿,加快用餐的速度,提高了店家的餐位利用率。

二、感觉营销

感觉营销是经营者利用心理学的感觉规律,引起顾客对商品的感觉,以达到营销目标的一种营销战术②。

"感觉营销"的关键是使公众对商品产生"感觉",具体有以下两种策略:

(一)生产有市场感觉的产品

成功的企业都是因为生产出了有市场感觉的商品。

公众对商品有什么样的感觉,常常取决于第一印象。这实际上是"一见钟情"的爱情心理在营销上的反映,心理学上称为"首因效应"。企业要使公众对商品产生"一见钟情"的感

---

① 可口可乐改变传统的配方,结果引起公众广泛的抗议。他们认为可口可乐的味道代表了"美国精神"。改变配方,伤害了公众的感情。市场也因此大幅萎缩,可口可乐只好恢复了原来的口味。

② 2008年6月,在美国密歇根州罗斯商学院举办首届感官营销研讨会,标志着感觉营销(感官营销)学科的诞生。

觉,就要利用目标群体喜闻乐见的"感觉元素"使他们动心。

(二)制定感觉价格

如果能把价格与公众的心理感觉结合起来,就可以使价格具有某种"感觉"的意义。

"求廉"是公众最普遍的心理。企业推出各种"优惠卡"、"会员卡"、"贵宾卡",目的是给特定顾客群体以价格优惠。既可以"锁定顾客"多次购买,又可以使顾客产生"归属感"、"受尊敬感"等心理,还可以使其他顾客产生羡慕心理,促使他们为了获得价格优惠也成为企业的"粉丝"。

"168"谐音"一路发";"148"谐音"一世发";"888"谐音"发发发"……利用中国特有的"数字文化",也可以使顾客产生某种"感觉"。一款标价700元的西服,可能少有人问津。一旦标价888元,则购销两旺。

非整数定价会使顾客产生"成本计算精确"的感觉;"198"的定价,会使顾客产生"便宜2元钱"的感觉。

案例 新菜肴的定价

有一家餐馆推出了几款新菜肴。可是在菜单上并没有新菜肴的定价。老板把制作这几款新菜肴的食材价格、数量,以及大师傅的直接人工费用另纸标明。然后要求食客品尝后,根据自己对这款菜肴的喜欢程度,"自由定价"。餐馆根据一定时间内所有品尝过这几款菜肴的食客给出的"自由定价"的平均值,作为新菜肴的挂牌价格。

如果餐馆采用免费品尝的营销手段,食客的心理会更放松,更少有"占便宜"的心理,"自由定价"的客观性和精确度会更高。这种定价战术,实际上就是综合所有食客"感觉"的定价。

(三)氛围营销

顾客在大型的购物中心,常常会产生愉悦的感觉。这正是顾客,尤其是女性顾客享受购物乐趣的原因。

"氛围营销",实际上就是营造感觉环境。现在商家越来越注重色彩、灯光和音乐元素的运用,越来越愿意为顾客创造轻松、宁静、舒适的环境而增加投入。

如何延长顾客在店里的停留时间,又不使顾客感觉厌烦,这显然是营销心理的重要任务。

第一,增加顾客视觉的愉悦感。要有顾客感兴趣的商品,营造购物环境的氛围,设计合理的、有趣的顾客流动路线,在流动路线上配置多个动态演示点,例如播放介绍商品使用方法的宣传片、介绍烹饪方法和服装搭配的生活知识、介绍流行商品和刚上市的商品等。这些措施,既可以延长顾客在店里的停留时间,又增加了顾客的商品知识和对商品的感觉。

第二,增加顾客听觉的愉悦感。心理学家做过一个很有名的营销心理实验。实验目的是验证音乐和顾客在商店滞留时间之间的相关性。实验发现:舒缓的轻音乐,可以显著提高顾客滞留商店的时间;激昂的进行曲或者摇滚乐,则会使顾客产生烦躁的心理,产生加快步伐离开商店的心理感觉。根据这个营销心理规律,商店播放的基本上都是舒缓的轻音乐。

第三,增加顾客味觉的愉悦感。让顾客亲口品尝、感觉食品的味道。这也是体验营销的一种形式。

第四,增加顾客参与活动的愉悦感。终端渠道可以设计一些让顾客参与的互动营销环节。顾客通过互动可以发现他们感兴趣的商品。

案例　意大利香水的销售秘诀

新加坡有家大商场,为了推销意大利名牌香水,老板把整个商场按香水包装盒上的色调重新装饰一新。同时,组织很多意大利商品助阵,播放意大利名曲,请意大利厨师现场制作意大利通心粉面条,为公众提供蒸汽煮咖啡等意大利饮食文化等。这些极具意大利风情的氛围,极大地激发了顾客的感觉。结果创造了每44秒钟就销售一瓶意大利名牌香水的世界香水零售纪录。[①]

案例　宜家"迷宫式"的商场路线图

英国《每日邮报》曾经报道过宜家"迷宫式"的商场路线图(见图1-6)。这种"迷宫式"的商场路线,其实就是一种心理武器。它可以让顾客在商场内停留很长的时间。商家都知道销售额与顾客在店里的停留时间成正比。顾客在店里停留的时间越长,就有更多的机会接触商品,提高购买率。宜家商场虽然有很多快捷的通道可以疏散顾客,但是顾客却很难找到这些出口。他们只能沿着商店预先设计好的行走路线前进,被迫感受更多的商品。

图1-6　英国某宜家商场"迷宫式"的顾客行进路线图

---

① 陈兆祥.生意场上动灵机[J].中小企业科技信息,1999,(10).

"迷宫式"的购物路线,使顾客很难记住他们曾经感兴趣商品的具体位置。顾客不得不"被"养成这样的习惯:只要看到自己感兴趣的商品,就马上放进购物车。因为想回过头来再找到那件心仪的商品,可能要花费很长时间。这种购物习惯,带来了大量的冲动消费。很多顾客甚至会在宜家商场待上一天。

巧妙的"迷宫"设计,加上物美价廉的商品,使2010年宜家在26个国家的283家分店,共赢利23亿英镑(约241亿元人民币)[1]。

三、嗅觉营销

人们对视觉营销和听觉营销比较熟悉,对嗅觉营销和味觉营销不太熟悉。嗅觉营销(气味营销)是指以特定的气味吸引公众的关注、记忆、认同,并最终完成交易的一种营销战术。

英国牛津大学的心理学家做了一个气味心理反应的实验。让实验者吸入可分辨的气味,同时扫描、记录不同气味对大脑皮层的刺激反应部位。研究显示,人脑处理嗅觉的神经与主管情绪控制的中枢神经紧密相连,气味很容易感染人的情绪。人们常常会把气味的感觉与特定的经验或物品联系在一起。

美国心理学家的研究结果表明,人对嗅觉的记忆,比对视觉的记忆要准确得多。人们回忆1年前闻过气味的准确度为65%;回忆3个月前看过照片的准确度只有50%。

心理学的研究成果,使嗅觉营销(气味营销)逐渐被作为一种营销战术来应用。顾客闻到某种气味,就可以想起某个品牌的商品。这是因为使人神清气爽的气味,可以产生比较深刻的嗅感觉,从而对该商品留下非同一般的良好印象。

案例　英国航空公司的绝招

步入英国航空公司每一架飞机的头等舱,或者在伦敦希思罗机场的头等舱候机室里,空气中弥漫着一种类似新鲜牧草的独特气味,给乘客留下了极其深刻的印象。乘客当然会因为这种独特的气味感觉而记住英国航空公司的品牌。

英国航空公司的这种嗅觉营销战术,很快在航空界流传开来。纽约肯尼迪机场依样画葫芦;新加坡航空公司则通过空姐身上特殊的香水味、热毛巾上的香水味,以及在机舱内散发出来的特殊的香水味,使乘客对新航产生特别的感觉。这种特制的香味,被新加坡航空公司注册成独一无二的商标和香味专利。这种香水气味是新加坡航空公司形象的组成部分。

---

[1] 宜家商场内迷宫式的设计,故意滞留顾客促消费 news.cntv.cn/20110124/105654.shtml 2011-1-24.

案例　传味器的应用

英国高档衬衫零售商托马斯·彼克,在他新开的商店里放置一种能够散发棉桃清新香味的传味器。每当有顾客注视商品时,传味器就会散发出这种特殊的气味,让人在几秒钟内就可以对商品的价值产生联想。

案例　散发食品气味的广告

卡夫食品公司在杂志广告中运用嗅觉营销的方法。读者只要摩擦杂志广告中某个特定的点,杂志就会散发出该广告代言的商品所特有的气味。例如摩擦草莓奶酪蛋糕、肉桂咖啡、樱桃 Jell-O 以及白巧克力的图片,就会散发出这些食品的气味。

这种能够散发特殊香味的广告,使英国劳斯莱斯汽车公司的营销人员受到了启发。公众在该公司的广告上,也可以通过摩擦闻到该公司高级轿车里皮革的特殊香味。

嗅觉感觉的这种特性,与嗅觉信息量大大低于视觉和听觉的信息量有关。在感觉适应性心理规律的作用下,视觉与听觉的适应性使相应的信息价值越来越低。商家只要抓住还没有产生适应性的嗅觉,就可以出奇制胜。

案例　智能香薰床垫

中国某知名家具品牌利用气味营销原理,推出了智能香薰床垫。将精选的普罗旺斯薰衣草精油和保加利亚玫瑰香粉,置在床垫内,利用缓释技术慢慢散发天然的芬芳,营造舒适惬意、温馨浪漫的卧室环境。独特的香味能有效缓解精神紧张,解除焦虑情绪,改善心肌功能,具有安神醒脑、平心静气、助眠美容等功效,从而吸引了不少顾客。

案例　茅台酒厂的传说

嗅觉营销的真正鼻祖是中国的茅台酒厂。早在 1915 年,茅台酒厂在巴拿马万国博览会上,就成功地进行过嗅觉营销。当时,茅台酒因为展位不佳,没有多少人参观。茅台酒厂的工作人员想把茅台酒从农业馆移到食品加工陈列馆,以增加人流量。可是在搬运时,不慎打破了一瓶茅台酒。顿时酒香四溢,参观者纷纷寻香而至。于是茅台酒名扬天下。[①]

[①] 1915 年,茅台酒在巴拿马万国博览会获金奖还有如下的传说:展览接近尾声,名酒评选已快见分晓。可是却很少有参观者对茅台酒表示有特殊的兴趣。评委们被各国名酒华丽的包装吸引,对土里土气的陶瓷装茅台酒很少理会。茅台酒厂的营销代表突然急中生智。取出一瓶茅台酒猛然摔在地上。顷刻间,瓶破酒溢,浓郁的酒香很快弥散开来。参观者闻香而来。结果引起了评委们的高度重视,认真地品尝、鉴别、评论。终于使茅台酒毫无悬念地赢得了金奖。与法国科涅克白兰地、英国苏格兰威士忌同享盛名,并列为世界三大最有名的蒸馏白酒。

四、味觉营销

味觉营销对于餐饮业来说,是最重要的营销战术。

人们对"味道"的感觉,既源于饮食,又超越饮食。"舌尖上的中国"真切地反映出这样的事实:感觉到"味"的,不仅是人的舌头,还包括人心。

随着时间的流逝,很多东西在人的记忆中越来越模糊,唯有那种挥之不去的味道,还会萦绕在人们的心间。小时候吃过的臭豆腐、孔乙己茴香豆、北京的豆汁、南京的桂花鸭……会突然冒出来。这是因为味觉能给人最真实的感觉。利用这种感觉,就可以促进销售。

利用人的味觉最终促进消费的营销战术,称为味觉营销[①]。

同理可知,在理论上,触觉也可以成为一种有效的营销战术。只不过触觉营销的研究当前还很不充分。

> **场景训练**
>
> **营销员的感觉训练**
>
> 在以下瓜子销售场景中,你更喜欢哪种称量方式?
>
> 场景一:顾客买1斤瓜子。营销员抓多了。于是从秤盘上不断拨出瓜子,直到刚好1斤。
>
> 场景二:顾客买1斤瓜子。营销员"一把准"的基本功很好。秤盘上的瓜子,刚好1斤。
>
> 场景三:顾客买1斤瓜子。营销员抓少了。于是他不断地把瓜子加到秤盘里,直到刚好1斤。
>
> 场景四:顾客买1斤瓜子。营销员"一把准",刚好1斤。然后当着顾客的面,又添了一小把瓜子。
>
> 场景五:顾客买1斤瓜子。营销员注意到顾客并没有看秤。在刚好1斤时,设法引起顾客的注意,然后又添了一小把瓜子。
>
> 相信同学们都会得出正确的答案。场景二能博得顾客对营销员"一把准"过硬技术的赞叹;场景四、场景五则能引起顾客满意的心理感觉,最能赢得"回头客"。因此,企业除了要对营销员进行专门的技术训练外,还应该要求他们运用营销心理的规律赢得人心。

[①] 有些文献称嗅觉营销为味觉营销。这是从气味对营销的作用而言的。可是这种定义,会造成营销心理术语的混乱。根据嗅觉与味觉的经典定义,前者的感觉器官是鼻子,后者的感觉器官是舌头上的味蕾。因此,味觉营销显然应该是利用味蕾产生感觉的营销战术。而利用气味的营销战术,显然应该被称为嗅觉营销。

第二节　营销活动与人的知觉过程

知觉是人脑对直接作用于感觉器官的客观事物的整体反映。知觉是对多种感觉器官接收的信息进行加工后才形成的。因此,知觉是感觉的深入和发展。感觉越丰富、越精细,知觉就越正确、越完整。知觉的基本特性如图1-7所示。

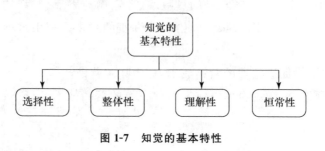

图1-7　知觉的基本特性

一、营销活动中的知觉

(一)知觉的选择性与公众的选择行为

人的感觉器官在一定的时间内,只能摄取有限的信息量。琳琅满目的商品显然不可能都抓住公众的眼球。只有那些符合公众选择标准的商品,才能被感觉到。

即使公众感受到的商品信息,也不可能完全形成知觉。人脑只能对感觉到的某些信息,有比较清晰的知觉。其他的感觉信息都只能成为知觉的背景。因此,营销人员必须尽其所能突出商品的差异化特征,使之成为公众知觉的主要对象。

因为不同公众的选择标准不同,知觉对象也不相同,所以企业应该使商品具有较大的选择性,以满足公众不同的消费需求。这正是企业系列化商品生产的心理学依据。

越是符合公众爱好、习惯、需要的商品,被选择形成知觉的可能性就越大。商品包装通过大小、尺寸、色彩、形状、材质、光泽等因素,影响公众的视知觉。当公众对商品本身的品质难以了解时,商品包装就成了公众选择商品的标准。因此,商品包装是"无声的推销员"。

(二)知觉的整体性与公众的选择行为

心理实验　餐具营销心理实验

表1-7中的感知价值是指顾客通过对商品的感觉和知觉,在心理上形成对该商品"价值"的估计,也称为顾客对该商品的"心理价位"。只要商品的价格与顾客的"心理价位"大致吻合,顾客就愿意购买该商品;如果商品的价格大于"心理价位",顾客一般就不会购买该商品;如果商品的价格小于顾客的"心理价位",顾客购买后就会产生满意、欣喜等心理反应。

表1-7　餐具营销心理实验数据表

同一品牌	菜碟	汤碗	点心盘	杯子		托盘		感知价值
	完好无损	好	坏	好	坏	好	坏	
A套餐具	8	8	8	0	0	0	0	33元
B套餐具	8	8	8	6	2	1	7	24元

实验统计结果表明，顾客对两套餐具进行估价时，A套餐具平均的感知价值为33元；B套餐具平均的感知价值为24元。

这是为什么？从餐具的数量来说，B套餐具比A套餐具多出6个好的杯子和1个好的托盘。可是顾客的"心理价位"反而低。

营销心理认为，顾客是以商品的整体性作为"心理价位"的评价标准。顾客认为，B套餐具是破损的"残次品"，A套餐具是完整无损的"正品"。虽然B套餐具根本不是次品，是与A套餐具同一个品牌的正品，但是顾客的心理却认为，整套产品只要其中有部分破损，那么它就是"残次品"。"残次品"的感知价值当然不可能与正品的感知价值一样。

案例　处理品一定比正品廉价

某家具商场橱柜的价格并不算贵，可是却长期卖不出去。老板十分郁闷。于是去请教专家。专家出了一个主意：卸掉原装把手上的一个螺丝，或者在很不起眼的地方蹭去一小点漆。标出的价格可以是原价，也可以比原价略低或略高。然后在醒目的地方标上"处理品"出售。结果橱柜很快被买走。

这是为什么？这是巧妙地利用公众"处理品一定比正品廉价"的营销心理，人为地"破坏"了知觉心理的整体性。

这种营销战术可以推广到很多领域。例如把高档衣服的一粒纽扣故意弄松，在衣服不紧要的地方裂开一点线，把商品表面某个不起眼的地方搞脏一点，甚至可以只把价格标牌搞残破一点，然后就可以作为"处理品"销售了。

某种商品虽然只有个别的属性作用于人们的感官，但是根据知觉心理整体性的原理，人们可以根据以往的知识、经验，把它在大脑中"知觉"为一个整体。这正是商品差异化营销的心理基础。这就是说，企业只要突出商品某个特点争夺公众的眼球，可是在公众的头脑中，却是对该商品的整体知觉。从而最大程度地节约企业的营销成本。

以商品整体性作为诉求点的广告效果，比单纯介绍商品个别性特点的效果好。这就是故事式、情节式广告的知觉心理依据。在一个时期内，如果要对某品牌商品做系列广告，每个广告的风格应该一致，否则就会破坏广告的整体性，使公众的知觉产生偏差。

（三）知觉的理解性与公众的选择行为

1. 选择与知觉理解

任何人对外界的信息都需要有"理解"的过程。如果外界信息能够与信息接受者头脑中原有的信息储存模块比较好地融合,那就表示这种外界信息可以被人"理解";如果外界信息与信息接受者头脑中原有的信息储存模块不能融合,那就表示这种外界信息不能被人"理解"。只有那些能够被人理解的外界信息,对选择决策行为才有用。顾客购买商品的选择行为也是这样。

> **案例　酒具与美酒**
>
> 　　一家百货商店新进了一批刻花玻璃高脚酒具,造型与质量均佳。可是销路不畅。后来,营销员拆开一套酒具,在每个酒杯里斟满了"红酒",摆在用红色灯光照射的酒柜内。顾客的头脑中马上产生了一种晶莹剔透、鲜红可爱的感觉,并由此产生"名贵葡萄酒"的知觉。顾客的购买酒具欲望油然而生。每天的销售量高达50套。实际上,酒杯里的"红酒",只是注入几滴红墨水的清水。顾客却理解成是酒具的独特功用。
> 　　在那些决定购买酒具顾客的头脑中,显然有斟着晶莹剔透、鲜红可爱的名贵葡萄酒的酒具印象,使购物场景与顾客头脑原有的信息储存模块能够很好地嵌合起来,从而对顾客购买酒具的选择行为起积极的推动作用。

2. 选择与知觉错误理解

购物场景与顾客头脑原有的信息储存模块能够很好地嵌合起来,虽然表示顾客可以"理解"购物场景的外界信息,对顾客的选择购买行为会起积极的推动作用,但是这种"理解"是否正确,对于维护顾客权益,有着至关重要的作用。

> **案例　"安装"正版软件**
>
> 　　某位顾客到广州百脑汇电子城宏基计算机专卖店购买计算机。该店营销员要求顾客装正版的办公软件,开价350元。经过讨价还价,以100元成交。实际上,该专卖店并没有把正版软件真正"交给"顾客,只是为顾客"安装"了这款正版软件。顾客为此提出异议。
> 　　该店员工解释说:"这是在计算机上贴正版条形码的价格。"
> 　　顾客却"理解"为花100元可以"买"一个正版软件。顾客如果不是因为这种错误的理解,肯定不会花这100元。专卖店却赚了额外的安装费。
> 　　显然,顾客的"理解"与该店员工的解释完全不同。这是因为购物场景的外界信息,与顾客头脑原有的信息储存模块的嵌合过程会受到多种因素的制约:例如外界信息的模糊性、外界信息词义的多义性、顾客在购物场景中的具体心理条件、顾客的购物经验、顾客头脑中原有信息储存模块的清晰性等。

3. 知觉的"境联效应"

能够影响特定商品知觉的、由其他商品形成的环境因素,称为知觉的"境联效应"。

知觉环境会影响知觉的理解。顾客在成千上万种商品中要准确地识别、选择自己需要的商品是十分困难的。为此,商家会利用营销心理的知觉"境联效应",在一个销售区域或者货架上摆放类似的商品。这样就可以减轻消费者的知觉负担。

例如绘图灯具,既可以归类在照明灯具类别,也可归类在绘图器材类别。这两种类别的"境联效应"是不同的。在营销活动中,应该观察"境联效应"对顾客知觉的作用,不断改变商品的类别以适应顾客知觉的变化。

营销员应该非常熟悉商品的"境联效应"。这样才能做到"有问必答",才能为顾客提供及时、准确的咨询服务,节约顾客的知觉时间,是营销员业务技能重要的组成部分。

4. 有助顾客理解的营销战术

依据知觉心理的"境联效应",可以采取一些营销战术对顾客的商品知觉施加影响。

(1)"特征"战术。强调商品的差异化特征。

(2)"傍星"战术。利用顾客现有的认知结构,把待售商品与顾客头脑中已有的"明星"商品联系起来。借他人之势,赢自己之利。

(3)"区别"战术。强调商品与著名品牌的区别,从而形成顾客强烈的知觉感受。

案例 七喜汽水上市

七喜汽水上市之初,特别强调自己是"非可乐"饮料。目的是使顾客在知觉中把七喜汽水与著名的可乐品牌区别开来。可口可乐与百事可乐是饮料市场的领导品牌,占有率极高,在顾客心目中的地位不可动摇。"非可乐"的七喜处于与"可乐"饮料对立的类别,就可以成为顾客对饮料的另一种选择。顾客只要见到随处都有的可乐的广告,就会引起对七喜汽水这种"非可乐"饮料的知觉。

(四)知觉的恒常性与公众的选择行为

当知觉条件在一定的范围内发生改变时,知觉的印象(大小、颜色、形状、亮度等)仍然可以因为知觉心理恒常性的特征,在一段时间内保持相对不变。它有利于人们正确认识和适应环境。

有些名牌产品为了防止顾客的"感觉适应",经常会改换包装等外观形象。由于知觉恒常性的心理效应,公众并不会因为这些改变而影响原来对品牌形成的知觉。这对维护品牌形象显然是有利的。

案例 戴一只眼罩的男士

有些广告为了吸引公众的眼球,常常会在广告形象的大小、颜色、形状、亮度等方面违反人们日常的感觉习惯。可是在知觉恒常性的作用下,人们的知觉并没有产生反常的形象,仍然可以保持对原来知觉形象的识记。而这种反常的形象,却给公众带来了新奇感,产生很好的广告效应。

美国广告大师奥格威设计了一个戴一只眼罩的男士衬衫广告。眼罩只有1.5美元,模特是一个破落的白俄罗斯贵族难民。从广告的感觉来看,人们很容易联想到这个人有眼疾。可是在知觉恒常性效应的作用下,广告却产生了意想不到的效果,眼罩给这位穿哈撒韦牌衬衣的男人增添了神秘的色彩。这就使广告主所要宣传的哈撒韦牌衬衣获得了极强的品牌个性,使该品牌在 116 年的默默无闻后一炮走红,见图 1-8。

图 1-8 奥格威设计的戴一只眼罩的男士广告

二、错觉

错觉是一种特殊的知觉。它是指人们在头脑中形成的与真实的事物不符合的知觉。错觉的分类如图 1-9 所示。

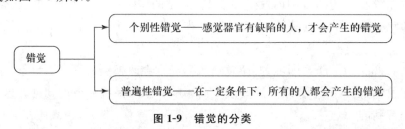

图 1-9 错觉的分类

在营销活动中,如果能够巧妙地利用普遍性错觉,往往可以获得意想不到的心理效果,创造不俗的业绩。在商品销售中,甚至可以通过改变环境条件,主动引发顾客产生错觉。

(一) 浓度错觉

任何由两种或者两种以上液体组成的混合物,都存在着不同液体在混合物中的浓度问题。人的感觉器官虽然不能非常精确地获知它们的浓度,但是根据以往知觉的经验,基本上可以定性比较它们的浓度。例如经常喝酒的人,可以很容易地区别出 45 度的白酒和 52 度白酒之间的区别。可是这种知觉经验的判断并不是绝对的。在一定的条件下,它会受到心理暗示的影响。

心理实验　咖啡浓度心理实验

台湾一家咖啡馆的老板,邀请30位亲朋好友做了一个咖啡浓度的心理实验。

老板给30位亲朋好友煮了4种"不同浓度"的咖啡。分别置于赭色、青色、黄色和红色4种不同颜色的杯子里。老板要求他们品尝后,各自独立地对这4杯咖啡的浓度进行评价排序。

统计的结果是:2/3的人从浓到淡的排序是:红色、赭色、黄色、青色。红色杯子的咖啡最浓,青色杯子的咖啡最淡。

其实上述实验中,4种颜色杯子里的咖啡浓度完全一样。只不过老板对品尝者做了"有4种'不同浓度'咖啡"的心理暗示而已。根据这个心理实验的结果,老板把店里所有的杯子都换成了红色。同时减少咖啡原料的投放。结果无一顾客投诉说咖啡的浓度比过去淡了。老板节约了成本,顾客还很满意。

(二) 质量错觉

任何物体都有质量。人的感觉器官虽然不能非常精确地获知物体的质量,但是根据以往知觉的经验,基本上可以定性地估计出物体的质量,例如大致可以估计出一个2岁小孩或者一个20岁少女的体重。不过,人的知觉对物体质量的估计,常常会受到物体周边环境的影响。请看下面的冰淇淋心理实验:

心理实验　冰淇淋实验

美国芝加哥大学商学院奚恺元教授曾经做过一个冰淇淋实验。这是营销心理中很有名的实验(见表1-8)。

表1-8　冰淇淋实验

	冰淇淋重量	蛋筒大小	消费者知觉	感知价值[①]
A	7盎司	小	溢出蛋筒	2.26美元
B	8盎司	大	没装满蛋筒	1.66美元

实验条件一:有两杯哈根达斯冰淇淋A与B。冰淇淋A有7盎司,装在5盎司的蛋筒里,冰淇淋已经溢出来了;冰淇淋B有8盎司,装在10盎司的蛋筒里,还没有装满。

实验条件二:让食客分别对这两杯冰淇淋进行重量判断(不能把两杯冰淇淋放在一起比较)。

实验问题:食客愿意为哪一份冰淇淋付更多的钱?

实验结果:心理统计结果表明:大多数食客认为溢出的那个7盎司的冰淇淋,值2.26美元;没有溢出的8盎司的冰淇淋,只值1.66美元。

---

① 感知价值是消费者通过对冰淇淋的感觉和知觉,认为该冰淇淋应该值多少钱。

上述实验中因为顾客做出购物决策依据的信息往往是不充分的,所以顾客的理性是有限的。由于交易条件的限制,顾客在购物时,不可能估算出商品的真正价值,例如他们不可能对蛋筒里的冰淇淋称重,只能用某种比较容易感觉的评价标准来判断商品的价值。在冰淇淋实验中,比较容易感觉的评价标准就是"冰淇淋是否溢出蛋筒"。实际上,这个比较容易感觉的评价标准,往往容易使顾客形成错觉。

(三)数量错觉

物体除了有质量概念以外,还有数量的概念。对于有较多数量的物体,人的感觉器官虽然不能立即获知该物体的数量,但是根据以往知觉的经验,基本上可以定性地估计出物体的数量,例如有经验的农民,在麦收之前,就能够大致估计一亩地的产量。不过,人的知觉对物体数量的这种估计,也常常会受到物体周边环境的影响。请看下面的薯条心理实验:

> **心理实验　薯条的多少**
>
> 我们对肯德基大包、中包、小包的薯条一定记忆犹新。
>
> 实验问题:你觉得买哪一种规格的薯条合算?
>
> 实验结果:由读者自己完成。显然,没有人对这三种规格的薯条一根根地数过。不过中包的薯条看上去好像装得满一点儿。

> **案例　肯德基的薯条**
>
> 洋快餐店里的薯条,通常分为大、中、小号三种包装,价格也随之不同,可包装大小与价格是不是真的对等?精明的江城消费者揭示:薯条分量靠估堆。
>
> 2011年6月17日,一位家住武昌水果湖的彭先生向本报反映了一件"哭笑不得"的事[①]:
>
> 上周末,他在肯德基等人,为了打发时间,他把中包和大包里的薯条数了数,结果发现大包薯条只比中包薯条多5根!大包薯条的售价为9元,中包薯条的售价为7.5元。顾客多花1.5元,却只多了5根薯条。这不是"坑爹"吗!
>
> 记者特地走访了武汉市内多家肯德基快餐店。结果发现不同规格的薯条根数十分接近;在不同店面购买同一规格的薯条,根数差别却很大。
>
> 在江汉路上的肯德基,记者购买了三种型号的薯条,计数得出大薯条84根,中薯条75根,小薯条60根;在徐东路公交站旁的肯德基,大薯条有90根,中薯条82跟,小薯条只有49根。
>
> 麦当劳、德克士等快餐店也有类似的问题。
>
> 肯德基店方负责人回应:薯条多少由盒子的大小决定。员工用铲子将薯条直接装入盒中,而不是靠称重。

---

① 郭姗姗.肯德基的薯条[N].楚天都市报,2011-06-18.

> **观察与思考**
>
> 你觉得肯德基的薯条这样卖合适吗？你过去吃薯条时想过这个问题吗？在你的购物经历中，遇到过类似的问题吗？

（四）颜色错觉

> **观察与思考**
>
> 请同学们到农贸市场观察一下卖肉的档口，是不是可以发现每个档口上都吊了一盏或者几盏红灯？或者有一个红色的罩子？卖肉的老板为什么要这样做？
>
> 卖糖炒栗子的商店，是不是也有这种情况呢？
>
> 你还观察到其他类似的情况吗？想一想，为什么？

（五）广告错觉

广告如果没有创意，就很难有神韵和生命力。在广告创意中注入各种错觉元素，是广告创意的重要方法。可以使广告表达新颖、独特、耐人寻味、引人入胜，甚至可以让人过目不忘。当广告中的错觉表现形式与公众大脑中的知觉经验不同，甚至是矛盾时，其表现形式就会使人感到幽默、怪谲，容易引起公众的好奇、兴趣、关注与思考。

错觉虽然会使公众产生感觉偏差，但是知觉的心理恒常性效应可以使公众很快明白广告的诉求点。

图1-10所示的是纽约街头的一则车载广告。第一眼的感觉是不是很吓人？仔细看一下，就可以发现车身上面的"ZOO"（动物、动物园、动物界、动物生活）的广告。通过联想，人们很快就可以体会到车载广告的主要诉求点。根据人们对动物园的知觉恒常性，马上可以"猜出"广告的内容——或者是某动物园举办蟒蛇节，请公众赏光参观；或者是保护蟒蛇的公益广告。相信凡是看到过这则广告的人，终生都不会忘记。

图1-10 纽约街头的一则车载广告

案例　3D地面广告

图 1-11 是可口可乐公司的一则 3D 地面广告①。相信任何一个路人经过这个地方时,对这则广告都会产生极其深刻的印象。广告内容很容易理解:在一个"迷你型"的泳池里,一位美女跷着大腿。受美女大腿的诱惑,一位男士伸出自己的右脚,想与美女同泳。当然,广告商不会忘记在泳池的"台沿"上,放一瓶可口可乐饮料。

图 1-11　可口可乐公司的一则 3D 地面广告

这则广告给路人带来强烈的视觉冲击力。其原因就是因为 3D 引起公众的视错觉,在大脑中产生了逼真的视觉影像。想起这个影像,当然不会忘记"台沿"上的可口可乐。

广告创意中的错觉,往往与产品、服务巧妙地联系在一起,使其他人很难完全模仿,从而形成广告的独特个性。

(六) 打折错觉

商品打折是商家惯用的营销战术。可是这种战术有一个致命的缺陷——容易被顾客歪曲商家打折的动机。

"便宜没好货,好货不便宜。""一分价钱一分货","买的没有卖的精"。这些都是公众购物经验的知觉总结。

节日期间,很多商场门口有非常醒目的广告:"在节日期间,凡是在本店购物的顾客,都可以用 100 元现金,购买价值 120 元的商品。"这则广告吸引了大批顾客。

可是仔细想想,这则广告实际上还不是商品打折的促销吗?等于对商品打了 8.4 折,比明码打 8 折让利的空间还要小一点。

为什么打折的形式不同,营销的效果会不同呢?这是商家使顾客产生了"货币价值提高"的错觉。这样,商家既坚持了正宗市场地位,又使顾客在心理上产生购买的都是正品的

---

① 3D 广告是影像合成技术与光栅材料的完美结合。能够将普通平面图片转换成立体影象,产生逼真的视觉效果。3D 地面广告纯粹是利用绘画的视错觉产生的效果。

错觉。聪明的商家就善于利用人们的这种心理,制造"看上去很美"的效果。

(七)新产品错觉

正常销售的商品,如果突然提价,会造成公众的心理恐慌,导致市场混乱和动荡。精明的商家为了不使商品涨价成为公众关注的焦点,也为了不引起其他商家"搭便车"跟风涨价,常常通过改变商品包装的办法对商品"重新"定价。

商品的包装虽然改变了,但是并没有改变商品的核心价值。实际上是"新瓶装旧酒"、"换汤不换药"。可是公众却会因此而产生错觉。以为改换新包装的商品是升级换代的"新产品"[①]。"新产品"的价格比原来产品的价格高,公众当然可以理解。

(八)人体美容错觉

市场上有很多商品是为人体美容服务的。通过对比、延伸、藏拙、透视、转移等不同的错觉技巧,对人体进行形象设计以获得最佳的美容效果。营销人员掌握了人体美容错觉的原理,就可以为顾客提供个性化的服务。

(九)环境错觉

在店堂装修、橱窗设计、广告图案、包装装潢、商品陈列等方面,适当地利用错觉,进行巧妙的艺术处理,往往可以使顾客产生心理错觉。例如,在较窄的店堂内多设置镜子,就可以通过镜像空间产生"扩大"实际空间的错觉;重复的竖线可以产生空间增高的错觉;众多的横线条能产生墙面变宽的错觉等。

三、知觉营销

(一)知觉营销与感知营销

促使公众对商品产生"知觉",对企业有举足轻重的作用。

知觉是消费者认识商品的源泉,也是消费决策和消费行为的基础。有效征服市场的关键,就是征服人的知觉。这是竞争企业之间对社会大众心脑的一场争夺战,是营销战场的制高点。

使公众对企业的商品产生"知觉",是知觉营销的全部内容。视知觉在知觉中约占80%。因此,能否抓住公众的视知觉,是知觉营销的核心任务。顾客对商品的知觉,可以帮助顾客在众多的商品中有效地进行决策,顺利完成交易活动。

顾客对商品"有感觉",是商品能够进入顾客候选目录的第一步;顾客对商品"有知觉",才是顾客最终购买商品的依据。营销活动的重点,就是要千方百计使顾客对企业商品"有感觉"、"有知觉"。

"感觉营销"和"知觉营销"的结合,就形成了"感知营销"的概念。

(二)知觉营销推论

除了大客户外,绝大多数顾客是不可能对商品的各项技术指标逐一检验后才购物。

[①] 在市场营销学中,即使只是包装的改变,也可以称为"新产品"。这就很容易使公众对"新产品"概念产生误解。在公众的心目中,只有那些不但有形式改变,而且有内容的改变的产品,才能称为"新产品"。

可是，商品的各项技术指标又确实是顾客选择商品的基本依据。那么顾客又是根据什么标准来完成交易的呢？

营销心理提出了知觉推论的观点。认为顾客只能根据自己的购物经验，提出一些"经验性"的知觉推论，作为选择商品的标准或依据。

1. 价格的知觉推论

顾客购买商品前，虽然不知道商品的质量，但是他们可以在价格知觉推论的作用下，根据"一分钱一分货"、"便宜没好货"的购物经验，把商品价格作为推断商品质量的标准。

在竞争因素的作用下，价格的知觉推论确实有一定的道理。因为在竞争条件下，任何企业都无法绝对"自由"地对商品进行定价。商品的价格是众多商品供应者集体博弈的结果。这样可以使商品的价格回归到一个合理的区间。商品价格和质量之间的关系，自然可以由竞争予以保证。这正是顾客价格知觉的合理依据。

2. 感觉的知觉推论

顾客对商品的知觉来源是商品的感觉。因此，顾客常常通过经验性的感觉来进行知觉推论。具体而言，凡是外观、包装比较高档的商品，凡是看起来有实力的企业供应的商品，凡是有名人作为形象代言人的商品，其质量比较有保证。

很多企业就是利用顾客的这种知觉推论，通过精致的商品包装、名人广告、表现企业形象和实力等形式来扩大商品的销售。

3. 营销的知觉推论

企业开展什么样的营销活动，也常常是顾客知觉商品的标准。例如企业在公众中的形象，企业标志、字体、颜色等视觉符号的统一性，企业员工行为的规范性，商品生产与经营的标准性，企业参与社会公益活动的积极性，社会对企业或者商品的评价等，都可以作为顾客知觉推论的依据。

根据顾客的营销知觉推论，对企业的营销活动提出了更高的要求。营销活动应该特别注意企业和商品正面形象的确立和宣传。尽量避免出现各种有损企业和商品形象的负面信息。

企业应该不断强化营销管理。因为在各种可变的营销因素中，无论是产品功能、包装、品牌、价格、服务、渠道、人员推销、广告，都可以成为强化或者弱化顾客营销知觉推论的刺激因素。

4. 从众的知觉推论

顾客的知识水平、辨别能力、时间资源等都不相同。因此，对于缺乏知觉推论的顾客，就只能采取从众知觉推论的方式了。从众的知觉推论就是以别人的选择标准，作为自己的选择标准。通俗地说，"你买什么，我就买什么。"

从众的知觉推论显然有一定的营销心理依据。因为任何商品可能会在一段时间内蒙蔽所有的人，也可能会在很长的时间内蒙蔽有些人，但绝不可能长期蒙蔽所有的人。特别是在公开、透明的市场条件下，最终还是要靠过硬的商品立足市场。企业商品的市场占有率大，市场占有度大，就意味着购买该商品的顾客多，重复购买的顾客多。这就可以反证商品的质量有保证。

营销活动中的"口碑营销"战术,是充分利用从众知觉推论的典型。畅销商品、时尚商品的营销心理基础,也是从众的知觉推论。

对于交易信息掌握不充分、交易经验不足、知觉能力和知觉水平比较低的顾客来说,从众的知觉推论应该说是"低成本、高效率"地进行交易的捷径。即使交易失败,也可以有心理上的安慰:"反正吃亏的又不是我一个人。"

对于供应商来说,也存在从众知觉推论的问题。看别的企业上什么项目,本企业也上什么项目。它可以使供应商减少新产品研制失败的风险。

当然,因为上述各种知觉推论都只是经验性的,所以在交易中常常会出现各种风险。只有不断提高知觉能力,才能减少这种交易风险。

第二章 营销活动与人的表象和记忆过程

表象有两个含义：一是指对过去认知过的信息,在头脑中再现和组织的过程;二是指在头脑中出现的事物的具体形象。后者也可以称为"具象"(见图2-1)。

表象实际上就是形象记忆过程;"具象"就是形象记忆的产物,是形象思维的重要内容,它与"抽象"概念对应。

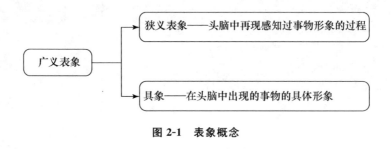

图 2-1 表象概念

第一节 营销活动与人的表象过程

企业营销活动如果给公众留下极其深刻的认知印象,那么这些印象就会经常在公众的脑海中浮现出来,成为表象。只要外界有某个适当的刺激信息,或者公众的内心出现了某种需要,这种表象就会立即浮现出来。

企业营销的目的,不就是为了让公众在他们需要的时候,能够马上"想起"企业的商品吗?

一、商品技术设计对表象的作用

很多营销人员认为商品的技术设计与生产,属于设计部门和生产部门的事情,与营销无关。可是从广义的营销概念来说,如果没有商品本身的技术属性,没有商品本身的"有用性"(使用价值),再好的营销活动也不可能使商品在公众头脑中确立起良好的表象。

(一)商品功能设计与表象

商品的功能是商品的灵魂,是顾客购买商品的核心价值。

市场营销也许能够解决从1到100的问题,可是从0到1这个最基本的问题,还是要靠商品的基本技术属性。没有0~1,也就没有1~100。顾客从4S店买回一辆汽车,即使外观形象非常好,可是常常熄火、跑偏,顾客能有好的表象吗?

案例 "OPhone"PK"IPhone"

深圳"华强北"市场上曾经同时销售过两款手机。一款是"中国移动的 OPhone"，另外一款"山寨 IPhone"。两款手机的定价都是 1000 元左右。十分显然，OPhone 的品牌和使用体验要比山寨 IPhone 好很多。那么市场对哪一款手机更青睐呢？

"华强北"一份可靠的调研结果显示："IPhone 比 OPhone 更受市场欢迎"。这是为什么？

OPhone 的品牌虽然比 IPhone 好，但是对于选择 1000 元手机价位的顾客来说，品牌的影响力并没有人们想象的那么大。根本的原因是：山寨 IPhone 内置并在首屏上默认显示 QQ 的功能，而 OPhone 只有"飞信"。70％左右的顾客表示："OPhone 的手机没有 QQ，我不买"。

这就是市场的选择。当顾客认定了他到底需要商品的什么功能时，他的选择会很坚决。因此，只有那些有适当功能范围、优良工作性能、可以安全使用的商品，才能使公众产生好的表象。

（二）商品结构设计与表象

商品的功能要通过一系列有关联性的零部件来实现，商品结构设计的重要性就凸显出来了。商品结构设计关系到商品是否紧凑实用、外形美观、安全耐用、性能优良、易于制造、降低成本。商品结构设计需要多方面专业知识的整合，需要有全方位的空间想象能力和材料工艺知识，需要根据商品的外观模型，确定零部件材料的选择、表面处理工艺、零部件组合和固定的方式，以及商品功能的实现方式等。

好的商品结构设计不但使商品小巧精致、轻薄耐用、便于携带，而且节约成本、降低售价。这当然会在公众的表象中占有一席之地。

案例 流程结构优化

众所周知，服务也是商品。服务流程也存在着结构设计的问题。

网上手机充值或者其他缴费业务的一般流程结构如图 2-2 所示。

图 2-2 手机缴费一般流程设计

根据这种流程结构设计,用户点击数近20次。还有很多用户经常记不住密码。订单的流失率比较高,用户也不满意。

进行流程结构优化的设计如图2-3所示。

图2-3 手机缴费流程结构优化设计

只要点击几次就可完成操作。流程结构优化设计并没有改变业务的具体流程,更不涉及企业市场运营策略的改变。只是在结构的逻辑关系上进行了关联处理,就可以大大减少点击数。

手机缴费流程结构优化设计的逻辑思维是:手机在中国的普及率很高。要使用网上缴费或充值,肯定是有手机的用户。手机号已经蕴含着相应的运营商,关联着所在地,当然也就没有必要让用户再点击。用户是否欠费可以在输入缴费金额时就显示出来,也没有必要设置单独的流程。这种结构的改进,既简便,又节约了时间,还省了流量,订单流失率也下降很多。用户对它能没有良好的表象吗?

二、商品外观设计与表象

商品外观是商品的"卖相"[①],是商品能否抓住顾客眼球的第一要素。"爱美之心,人皆有之。"外观设计很美的商品,人人都想拥有,当然容易在顾客的头脑中产生表象了。

商品外观设计,也称商品形象表达,或者商品形象诉求。它是直接展示商品视觉形象的表达方式。我国《专利法实施细则》第2条对商品外观设计的定义是:"对商品的形状、图案、色彩或者其结合所作出的富有美感并适于工业上应用的新设计。"

为了使商品能在公众心目中留下美好的形象,就必须对商品外观的各个部分进行精心设计。商品设计越独特,就越会引起公众深刻的印象,公众对商品的表象就越具体。

公众对商品的外观美具有一定的选择性。因此,商品外观设计就必须根据目标群体大多数顾客喜欢的形式进行商品外观设计。商品的外观美,包括形式美、工艺美,商品的时代感和民族风格等。

(一)商品造型设计与表象

对于有形的商品来说,造型是否优美,直接关系到商品的表象。造型设计就是创造商品的形象,它与艺术有密切的关联。商品造型设计,从某种意义上说,就是各种艺术形式在商品上的体现。例如绘画、雕塑、建筑、刺绣等,见图2-4、图2-5。

---

① 卖相,指商品或人的外表形态,即外观、外貌。

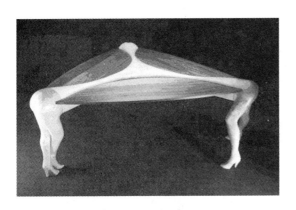
图 2-4 三角形的桌子

图 2-5 卵形的藤制沙发

> **观察与思考**
>
> 请男同学在网上找出 10 个你认为最有特点的汽车造型(或其他任何有形商品的造型),女同学在网上找出 10 个你认为最有特点的高跟鞋的造型(或其他任何有形商品的造型),做成 PPT 课件。说出你喜欢这些造型的理由。在课堂上与其他同学交流。

(二) 商品包装设计与表象

俗话说,"佛靠金装,人靠衣装"。商品包装,对公众形成商品的表象关系很大。对有形商品来说,包装设计对表象的作用是第一位的;对无形的商品来说,则可以通过商品的气味、颜色、手感、味道等感觉的独特性,使公众建立起正确的表象。

好的商品包装可以起到美化商品、宣传商品、指导消费的作用,是商品无声的推销员。使顾客印象深刻的商品包装,可以形成正确的商品表象。顾客只要一想起该商品的包装,就可以浮现该商品的有关信息。而这正是顾客重复购买的前提条件。

定位准确、符合顾客心理的商品包装,能使商品脱颖而出。从现代营销的整合传播观念来看,商品包装设计已经不是小问题,而是商品营销中不可替代的感性心理媒介。顾客对商品是否产生兴趣,在很大程度上与商品的包装设计有关。企业通过商品包装载体,可以最直接地向顾客传达商品的内涵,是商品与顾客最直接的心理沟通方式。

1. 商品包装造型设计

商品包装造型设计又称商品形体设计,主要指包装容器的造型。例如酒瓶、作料瓶、饮料瓶等。它除了必须可靠地保护产品安全送到消费领域,还应该运用审美心理的原则,通过包装形态、色彩等因素的变化,将包装功能和外观审美功能统一起来,并以视觉的形式表现出来,见图 2-6。

图 2-6　酒瓶瓶塞造型

观察与思考

请男同学在网上找出 10 个你认为最有特点的白酒瓶子的造型（或其他任何有形商品的造型），女同学在网上找出 10 个你认为最有特点的香水瓶子的造型，做成 PPT 课件。说明你为什么喜欢这些造型的理由。在课堂上与其他同学交流。

2. 包装礼盒设计

礼尚往来是社会人际关系中特殊的"润滑剂"。一般来说，受礼者对礼品的内在品质并不了解，他们往往根据礼品包装的精致程度来判断礼品本身的价值和送礼者的动机。因此，设计高雅的包装礼盒，会使人浮想联翩，极容易产生表象。

课堂讨论

如何看待"天价月饼"？

背景：月饼包装可以使消费者对商品本身的价值产生表象错觉。一只广式月饼的成本只有 2 元钱。裸装或者半裸装月饼，每只售价也就 5~10 元。可是放在一个成本不到 10 元的铁盒里，市场最低价都要 88 元；如果装在黄缎垫底的龙纹金漆盒子里，那月饼就有了皇家气派，价格也会随之翻 10 个筋斗。如果成本只有 8 元的月饼，放在一个成本 10 元的铁盒内，它的售价是多少呢？见图 2-7。

图 2-7　奇怪的月饼定价

国家虽然出台了《强制性月饼包装国家标准》，但只是一纸空文。该规定月饼的包装成本，不应超过月饼出厂价格的25%。这就是说，每盒月饼的售价不能超过25元。可是有哪一家食品厂生产的盒装月饼只卖25元呢？

顾客明知月饼价格太离谱，为什么还要购买高价的月饼呢？

原因不在于市场，而是营销心理。月饼不是普通的食品，而是中秋节应节的商品、送礼的佳品、文化的贡品，见图2-8、图2-9。

图2-8 装在黄缎垫底的龙纹金漆盒子里的月饼

图2-9 具有文化意蕴的月饼食盒

有顾客说："买月饼礼盒是为了送人的。哪能细算价钱啊！就图包装好看。只要豪华气派拿得出手就好。"显然，月饼包装的高贵与精美程度成了送礼人情厚薄的标准。

有这样的暴利存在，每年中秋节前，怎么会不发生月饼大战呢！

鲍鱼月饼、黄金月饼等高档月饼的售价可以达到成千上万元。惹得像哈根达斯这样的"洋月饼"，也想到中国攻城略地分一杯羹。

3. 商品包装装潢设计与表象

包装装潢设计是以图案、文字、色彩、浮雕等艺术形式，突出商品的特色和形象，力求造型精巧、图案新颖、色彩明朗、文字鲜明，装饰和美化产品，给公众留下良好的表象。

4. 商品绿色包装设计与表象

绿色包装设计是以环境和资源为核心概念的包装设计过程。选用合适的绿色包装材料，运用绿色工艺手段，进行商品包装设计，在资源日趋匮乏的时代，显然会给公众留下好的表象。

三、商品展示设计与表象

商品展示设计是指零售商通过店内广告、橱窗设计、室内设计及商品陈列方式等，营造强烈的视觉张力，吸引公众的注意力，迫使他们对商品产生表象。商品要使公众产生表象，展示设计是必要的环节。商品展示设计的目的，就是要正确处理顾客、商品、道具、空间四个方面的关系，产生最佳的表象效果。

（一）商品展示要突出设计的整体性

在品牌延伸的条件下，各个系列商品的外观、造型、色彩、大小、形态、形象、构图等元素，应该有统一、和谐的设计，以体现品牌的整体面貌，形成鲜明的品牌特点，发挥声势浩大的群体效应，形成强烈的视觉吸引力，抓住顾客的眼球，迫使他们对品牌的系列商品产生深刻的印象和表象。

（二）商品展示要注意商品的开放性

传统的商品陈列形式，顾客不能接触商品，只能通过销售员间接了解商品。商品展示由封闭性改为开放性，就为顾客观察、触摸、选购商品提供了更多的机会，可以最大限度地减少对商品的心理怀疑。

（三）商品展示要符合公众的审美情趣和审美习惯

商品展示还应满足公众审美心理的需要，符合美的规律。

不同文化传统的群体，他们的审美情趣、审美习惯都不一样。商品展示设计特别要注意商品与当地文化的相容性。如果展示设计能够入乡随俗，就更能获得当地公众的好感并产生表象。

（四）商品展示要符合市场环境

当季节交替或者节假日，可以根据时令、节令和顾客的需要，确定主题环境，刻意营造出顾客喜闻乐见的场景。例如，圣诞老人和白雪公主、端午节用瓷器捆扎出来的龙舟、喜庆的花篮、温馨和谐的情景等。

商品展示尽量减少交易场所内外环境的反差。这样可以使顾客产生与自然环境和谐一致、愉悦顺畅的心理感受。

（五）商品的动态展示

动态展示商品可以给顾客产生更深刻的印象。通过顾客与商品的互动，使顾客更了解商品的特点、功能和使用方法，解除顾客怕吃亏上当的心理。灯光照明效果的变换、动态展架、模特展示、屏幕投影、促销游戏、街头的流动宣传等，都可以使顾客对商品产生兴趣，实际效果都很好。

四、商标设计与表象

商标是商品符号和形象的象征。它在公众的表象中起着至关重要的作用。它通过工艺美术的设计，把商品丰富的内涵，以简洁、概括的形式表现出来。商标的概括力越强，给公众的表象就越深刻。

五、广告设计与表象

商品广告通过向公众介绍商品信息，突出商品特性，引起公众关注，产生表象以促进商品销售。商品广告的心理效用主要有两个：一是诱导公众产生即时购买的心理冲动；二是使公众确立该商品良好的表象，便于公众在需要时能快速作出购买该商品的决策。

商品广告能否在公众头脑中确立良好的表象,取决于它是否符合产生表象的心理规律。广告创意越是能反映商品的特点,越是能别出心裁,对公众感知冲击力越大,公众产生表象就越容易。

因为表象具有形象鲜明的特征,所以凡是能摆脱僵硬的专业化、物质化说教,呈现生动、鲜活具体形象的商品广告,就容易产生表象。广告业就是一个制造表象的产业。商品的"个性表象"越来越成为营销的重点。市场竞争实际上就是商品"个性表象"的竞争。

商品的"个性表象"是指通过其他竞争者无法模仿的文字、绘画、摄影等传播手段发布的商品信息,使公众产生该类商品独一无二的表象。塑造和经营商品的"个性表象",是广告业为企业服务的核心。商品的"个性表象"就是企业的无形资产,对公众的心理效应远远大于该商品的自然属性。它有助于公众对该商品形成稳定的心理偏好。正是这种心理偏好,使消费者愿意出较高的价格购买该商品,并成为企业的"粉丝"。

国内很多贴牌企业之所以只能眼睁睁地看着国际知名品牌赚钱,就是因为他们的商品不能使公众产生"个性表象"。

> **案例　耐克的经营模式**
>
> 闻名遐迩的NIKE(耐克)公司,年销售收入高达20亿美元,却没有一家自己经营的生产企业,而是把制造环节交给其审定的其他企业。它只有精干的设计团队、管理团队和营销团队,专注研究、设计和营销。
>
> 耐克的这种营销模式之所以能够成功,就在于它的品牌具有极其鲜明的"个性表象"。据调查,耐克鞋的售价虽然高达千元以上,可是世界上仍然有70%的男孩子,盼望有一双耐克运动鞋。

六、企业形象识别系统设计与表象

企业形象识别系统设计又称CIS设计。它通过寻找、建立企业内部的某种同一性,塑造企业的外部形象,来表达企业的经营理念、文化环境、经营方针、产品开发、商品流通等因素,使公众很容易把企业与其他企业区别开来。

CIS包括MI(理念识别)、BI(行为识别)和VI(视觉识别)三个部分。最重要的是理念识别,它是企业决策、运行的理论基础和行为准则,并通过行为识别和视觉识别表达出来。所有的行为活动与视觉设计都是围绕着理念识别这个中心展开的。

对公众形成表象有直接影响的是企业的视觉识别系统。通过统一的企业名称、企业标志、标准字、标准色、办公用品、服装、招牌、交通工具等方式,进行符号性的视觉传达设计,直接进入公众的头脑,使他们对企业和商品留下视觉影像,能够很容易地形成表象。

七、营销服务与表象

营销的本质就是服务。通过细心周到的服务,可以赢得顾客的信任,使顾客对企业、对商品产生非常深刻的印象。只要需要,顾客头脑中浮现的表象就会驱使他们再次购买。

营销心理

营销服务的目的是使顾客有感知商品的可能,并在顾客使用商品发生困难时予以帮助,增进顾客与商品的感情,使顾客产生美好的印象,并形成表象。

案例 在广州"好又多"淘金店的购物经历

一位70岁的顾客,在广州"好又多"淘金店"美的"小家电购物区转悠。

一位看上去不到20岁的女孩面带笑容地迎上来问:"先生,您想了解什么商品?"

"随便看看。"

"我是'美的'驻点营销员。今天'美的'小家电有好几款在搞活动。您要不要了解一下?"

"我想看看豆浆机。有没有搞活动呀?"

"这些都是'美的'豆浆机。有好几种不同的款式。价格也不贵。有水果玻璃盘和紫砂电热锅两个赠品。"

"我想买'九阳'的。"

"'九阳'是不错。它是最早生产豆浆机的。不过因为品牌和广告的原因,'九阳'豆浆机要比'美的'贵很多。"

"贵多少?"

"先生,您可以先看看隔壁货架上的'九阳'豆浆机,相同功能、相同材料的豆浆机,'九阳'要比'美的'贵20%~30%。"

"贵那么多呀!"

"是呀。豆浆机应该说并没有多少技术含量。'美的'虽然比'九阳'后进入豆浆机生产领域,但是'美的'也是一个大品牌呀!公司的整体实力不比'九阳'差。"

"那我试试看。"

"您有没有会员卡?"

"没有。"

"那您就用我的会员卡去付款吧。可以有5%的会员价格优惠。"

"那就谢谢了。"

小姑娘办手续回来。边包扎豆浆机边问:"大爷,您是刷卡吧?"

"是呀。我是从化来的。来一次不容易。"

"那您看看还想买一些什么电器?我帮您看看。您卡里还有多少钱?"

"卡是500元的。除了豆浆机,还有不到400元吧。"

"那买一台'美的'微波炉吧。'美的'微波炉是公司的传统名牌产品。五一前夕也在搞活动。"

"太重了。拿不动。"

"您怎么乘车?"

"乘公交车到黄石路,然后搭乘去从化的长途车。转车问题倒不大,不用走路的。只是我怎么从这里到公交车站呀?"

"我们店门口就有245路公交到黄石路。我可以送您去车站。"

"那太好了。就按照你的建议,再买一台'美的'微波炉。"

缴费后,小姑娘叫了一个女伴帮助搬货、运货,请别人帮着照看一下柜台,推着小车去公交车站。

看着小姑娘推着小车穿越马路,顾客心里好感动。

和她们告别时,顾客问:"你是'好又多'的职工吗?"

"不是。我是广州商贸中专的学生。双休日到这里来打工的。"

"谢谢你。你的服务态度真好。我记住了你,也记住了'美的'!"

课堂讨论

上述案例是一个真实的购物经历。请读者思考从中能得到什么启发。

第二节 营销活动与人的记忆过程

记忆是人们对过去经历过的事件、活动、感受、经验等认知印象的累积。从信息论的角度来说,记忆是对信息的选择、编码、储存和提取过程。记忆力是人的记忆能力,它的判断标准如图2-10所示。

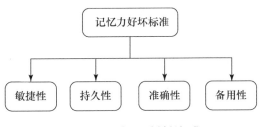

图2-10 记忆品质判断标准

一、营销活动的记忆

(一)营销活动的有意记忆和无意记忆

同学们对记忆一定不陌生,因为学习、做事情都需要记忆。

在市场经济的条件下,卖方在营销活动中需要记忆的材料比买方多。卖方的营销人员必须记住商品的特点、使用方法、故障及其处理、重要客户(中间商、大客户)的资料、营销方法与技巧、竞争对手的资料、市场的历史数据、市场环境条件、目标顾客的购买力、市场行情的变化等,而买方只要记住商品名称就可以了。

按照记忆过程是否有意志的参与为标准,记忆可以分为有意(识)记忆和无意(识)记忆两类(见表2-1)。

表 2-1 有意(识)记忆与无意(识)记忆特征对比表

	目的、要求	意志努力	记忆方法	自发性
有意(识)记忆	有	有	有	无
无意(识)记忆	无	无	无	有

据表2-1来看,有意记忆显然比无意记忆更为困难。有意记忆必须要记住主体付出辛勤的劳动;无意记忆是记忆主体在不经意间就记住了,几乎不用费心。

(二)如何提高公众无意记忆的效率

在市场经济的条件下,公众对商品的记忆主要是无意记忆。这就给营销人员提出了一个重要任务:如何提高公众无意记忆的效率?

提出这个营销任务的思维逻辑如图2-11所示。

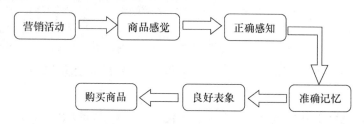

图 2-11 营销任务的思维逻辑图

在这个逻辑链中,提高公众无意记忆的效率显然是关键的环节。

企业和公众的关系,并不是老师和学生的关系;企业对公众记忆的检验,也不能像学校那样进行课堂提问或者考试。这就需要营销人员研究公众无意记忆的心理规律。

1. 改变信息强度

任何人的感觉器官都有一定的感觉阈值。在营销活动中巧妙利用感觉阈值,有可能使公众的无意记忆向有意记忆转化。

什么样的信息强度才能使公众的无意记忆向有意记忆转化呢?营销心理的研究证明,超过感觉阈值的信息,无法被人感觉到。处于感觉阈值高端的信息过强,不利于公众的无意记忆;处于感觉阈值低端的信息过弱,公众就认为没有必要费神去分辨它们,也无法有无意记忆。而只有那些似乎听得清又听不清的信息,才有可能引起公众的好奇心理。有些人可能会在好奇心的驱使下,想要通过意志的努力,仔细辨别信息的内容,这就会使他们的无意记忆向有意记忆转化。

2. 创造转化条件

辩证法认为,在一定的条件下,无意记忆与有意记忆是可以相互转化的。

(1)在一定的市场条件下,形成某个时期的卖方市场,这样就可以提高买方对完成交易的心理迫切性,顾客也必然会对商品进行有意记忆。

案例　苹果的 iphone 旋风与饥饿营销

从 2011 年起,在中国市场上刮起了强劲的苹果 iphone(手机)旋风。消费者趋之若鹜,以能买到一部 iphone4 或 iphone5 为最大的心理满足。可是苹果公司在中国的市场上,只有专卖店的展示和体验营销,很少有现货供应,于是就出现了"排队抢购"的场面。

顾客下订单后,至少要 1—2 个月才能拿到心仪已久的 iphone。顾客对 iphone 强烈的渴望,促使他们主动寻求 iphone 的销售信息,关心苹果公司发布的每一个有关 iphone 的信息。这时,每一个想要获得 iphone 的顾客,想不记住 iphone,不知道乔布斯,也难。

高科技商品有一个重要的特点:商品的销售价格下降得很快。在 2011 年年底售价为 7000 元左右的 iphone4,到 2013 年 3 月,最低价格只有 2250 元了。苹果公司向市场供应有更高技术性能的 iphone4S、iphone5,甚至人们现在热议和期望中的 iphone6。公众对苹果越来越高端的 iphone 系列手机,热情不减,渴望依旧。这种消费心理,与"饥饿"的心理特点很相似:"得不到的东西,心理永远在骚动。"这就是饥饿营销战术的心理基础。

饥饿营销战术的基本思路是:在商品品牌独一无二、商品特性被消费者认可和热捧的条件下,供应商通过提前发布新产品信息、延迟新产品上市时间,通过众多实体店提供免费的新产品消费体验、控制新产品的生产量和上市供应量等措施,激发并保持消费者对商品的强烈渴望,从而形成抢购、预订等"供不应求"的卖方市场。这就可以提升商品品牌价值,让消费者长时间记住企业。

(2) 做好宣传造势。"酒香不怕巷子深"的时代已经过去。营销中做好宣传造势工作,会使公众经常听到商品供不应求的消息,促使公众产生"一物难求"的求新、求异心理,甚至可以造成某些公众梦寐以求的心理效果。这种记忆,显然已经是有意记忆了。当然,由于信息不对称,宣传造势公布的数字,未必完全都是真实的。

(3) 使商品成为话题。要让公众记住他们不感兴趣的商品信息,这几乎是不可能的。可是如果让商品本身成为某种话题,就有可能激发公众参与讨论的兴趣。通过讨论,就可以增加对商品的记忆。这正是"事件营销"、"微博营销"、"论坛营销"、"QQ 营销"、"微信营销"等营销战术可以取得营销业绩的心理原因。

案例　张瑞敏砸冰箱

在中国,几乎没有人不知道海尔集团和张瑞敏。公众最早记得他是因为张瑞敏砸冰箱的故事。

1984 年,海尔集团的前身是一个负债 147 万元、生产杂牌电冰箱的街道集体小厂。1985 年的一天,张瑞敏的一位朋友要买一台冰箱,结果发现仓库里每台冰箱都有毛病。这件事使张瑞敏觉得很没有面子。于是他把库房里 400 多台冰箱全部检查了一遍,发现有 76 台存在着不可弥补的缺陷。

张瑞敏把职工们召集起来问:"怎么办?"多数人提出:"便宜点处理给职工算了。"

张瑞敏说："我要是把这 76 台冰箱卖了，就等于允许大家明天再生产出 760 台这样的冰箱。"

于是他宣布："这些冰箱要全部砸掉，谁生产的谁来砸！"

职工们都不愿意砸。当时一台冰箱的售价 800 多元，相当于一个职工两年的收入。这一锤下去，砸的都是钱哪！

张瑞敏看见没有人动手抡锤，就抡起大锤亲手砸了第一锤！很多职工难过得流下了眼泪，不得不把这些冰箱都砸了。

在接下来的一个多月里，张瑞敏多次召开各种会议。会议的议题只有一个："如何从我做起，提高产品质量"。

兵置死地而后生。经过 3 年的奋斗，海尔人捧回了我国冰箱行业第一块国家质量金奖。2009 年，中国国家博物馆把那把砸冰箱的大锤，作为国家级的文物收藏，编号为国博收藏 092 号。

把海尔和砸冰箱的故事联系起来，使海尔冰箱有了特殊的话题。随着这个话题的广泛流传，人们很快记住了海尔集团、海尔商品及张瑞敏。

3. 积极的心理状态

人的记忆与人的心理状态有关。当一个人心情比较好的时候，就有可能对外界事物进行一定程度的有意记忆；反之，当一个人心情差的时候，就不可能有心思对外界事物进行有意记忆。根据这个心理规律，营销活动要让公众开心购物。在公众心理处于快活、轻松、闲暇状态时，商品信息就能被公众记住。

在交易过程中，顾客如果觉得物有所值、物超所值，他们的心情一定很好。这时，营销人员适时地向顾客介绍其他商品信息，就很容易被顾客记住。

4. 提高记忆技能

记忆是需要技巧和方法的。记忆能力也要通过不断的强化训练才能逐渐提高。因此，记忆技能比较低的公众，要想使无意记忆转化为有意记忆，就要付出更多的意志努力。如果公众的记忆技能强，不需要付出很多意志努力也能记住有关的商品信息。

（三）提高营销人员有意记忆的效率

对营销人员来说，提高有意记忆的效率，显然非常重要。

1. 要有明确的记忆任务

记忆任务明确，就能调动心理活动全部的积极因素，全力以赴地完成记忆任务。任务越明确、越具体，记忆效果就越好。

2. 紧密结合营销实践进行记忆

"纸上得来终觉浅"，不容易记住。结合营销工作的实际进行有意记忆，效果就比较好。实际工作需要动手、动脑，需要接触各种资料、材料，记忆自然就比较深刻。

3. 掌握一定的记忆方法与技巧

（1）梳理记忆材料之间的逻辑关系。如果内容之间没有逻辑关系的材料，记忆效果就很差。可是如果能够把内容之间的逻辑关系了解清楚,散乱的知识通过归纳整理而变得有条理,有意记忆的效率就提高了。

(2) 理解记忆材料的内容。这实际上是让思维参与记忆的过程。使原来未知的、陌生的材料,经过大脑加工后,与已有的、熟悉的材料联系起来,就可以提高有意记忆的效率。

(3) 选择适合自己记忆能力的各种方法。记忆方法很多,如联想法、谐音法、口诀法、图像记忆法、形象记忆法、场景法、故事法、连锁法等。

(4) 读、想、视、听相结合。同时利用语言功能和视听觉器官的功能强化记忆,可以提高记忆效率。

4. 调整心理状态

从心理学的角度来说,一个人在充满热情的情况下,记忆力会大为提高;闷闷不乐、心情压抑时,记忆力会显得较差。

5. 责任心与记忆有关

营销人员如果工作责任心强,对材料的记忆力就强,反应也敏捷;如果责任心不强,平时不太想工作上的事,记忆力就比较弱,反应也不够快。

营销人员经常要出主意、想办法,精神高度集中的有意记忆需要耗费很多的精力。可是有的时候效果却不一定好。这时,如果能够放松思想,平时不起眼的无意记忆却有可能浮现在脑海之中,从而闪现灵感,营销策划书就有可能一挥而就。

(四) 广告与公众的记忆

广告的最大作用就是传递商品信息。广告的即时性与长久性是一对矛盾体。

任何广告,作用于公众的感觉器官都是暂时的。广播喊完了,声波也就结束了;电视片放完了,信息也就没有了;即使是永久性的墙体广告,因为公众的流动性,所以公众接触广告的时间也是有限的;没有一个人会对报刊上的广告连续看上几个月。

可是对广告主来说,他们花钱做广告,当然希望广告的效果是最好的,希望广告能够在公众的头脑中长期保留下来。

解决广告的这一对矛盾的关键就是公众对广告的记忆。

研究公众对广告的态度、公众头脑中广告表象的建立过程,始终是广告传媒业和市场营销界密切关注的问题。

1. 广告的内容要引人入胜

广告并不是电视剧,要想引人入胜并不是容易的事。

心理学的记忆规律表明,越能引起人们感兴趣的事物,就越能被记住。因此,商品广告能否引起公众的兴趣,一直是营销人员关心的问题。

商品广告能否引发公众的兴趣,取决于两个方面。

(1) 公众对商品本身是否感兴趣。商品如果能够符合公众的需要,公众当然会对这个商品感兴趣。需要越迫切,兴趣就越大。这正是营销部门进行市场调研的心理基础。

案例　公众对电视机的兴趣

1958 年,我国第一台黑白电视机诞生;1970 年年底,我国第一台彩色电视机诞生。

营销心理

> 1985年我国电视机产量达1663万台,仅次于日本,成为世界第二的电视机生产大国。1987年,我国电视机产量已达1934万台,超过日本,成为世界最大的电视机生产国。
>
> 60多岁的人都记得,在20世纪60年代,谁家只要有一个9寸的黑白电视,晚上一定会宾客盈门。到70年代,公众开始对彩色电视机有了兴趣。再后来,电视屏幕也发生了技术变化,由球面彩电发展到平面直角彩电、超平彩电、纯平彩电;由2D电视发展为3D电视,再到不闪式3D技术;从显像管电视,发展到背投电视、前投影电视、液晶电视、等离子彩电、OLED电视、激光电视等;由模拟电视发展到数字电视、网络电视。
>
> 随着技术的进步,电视机一定会发展出更多的新产品。公众也会饶有兴趣地注视电视机新产品的广告。
>
> 在公众购买力允许的条件下,任何一个能够丰富公众物质生活和精神生活的新产品,公众都会有兴趣。

(2) 公众对宣传商品的广告是否感兴趣

企业根据自身的资源条件,根据市场调研的结果,要尽可能生产公众感兴趣的产品。可如果介绍新产品的广告味同嚼蜡,就会使公众感到索然无味。因此,广告的重要性不言而喻。广告策划人员,必须与广告制作公司进行有效的沟通,站在公众的立场上进行心理换位思考,制作出公众喜闻乐见的广告,加深公众对广告内容的记忆。

2. 广告诉求应简单易记,为顾客解决问题

人的记忆有识记、保持、再认或回忆三个阶段。其中识记和保持是前提,再认或回忆是结果。只有识记准确、保持牢固,再认或回忆才能实现。人们对广告的记忆过程也遵循记忆的一般规律。

一般来说,公众对广告的识记都是被动识记,属于短时记忆的范畴。因此,广告策划应该简单易记,符合识记的心理规律,为顾客解决问题。美国心理学家米勒通过研究发现,人的记忆广度平均数为7,其误差为正负2。这就是说,大多数人一次最多只能记忆5到9个独立的"模块"或者"项目"[①]。广告的诉求点越少,就越便于公众的无意记忆。

案例 最恶俗的广告——"脑白金"广告

中央电视台2013年黄金资源广告招标竞购大会上,巨人网络董事长兼CEO史玉柱亲赴现场参与招标。在央视广告总标的达到1.7亿至1.8亿。"脑白金"参加央视黄金资源广告招标已经是第15年中标,几乎贯穿整个央视招标史。

"脑白金"广告里的两位卡通形象早为观众熟知。2013年"脑白金"的广告还是老头、老太,只是又换了服装。"今年过节不收礼,收礼就收脑白金",这句大家耳熟能详的广告语在电视上播放了十年之久,没有丝毫创意。每年都是老头、老太重复跳,被公众认

---

① 米勒.魔术数字7加或减2:我们加工能力的限制[M].1956.

为是"最恶俗的广告"。

然而,恶俗却是史玉柱给巨人广告的定位,不管公众接不接受这样的恶俗,"脑白金"、"黄金搭档"却早已深入人心,在短短几年间产生了惊人的销售力。

究其原因,就是因为这则广告的诉求点只有两个:送礼、"脑白金",简单易记。过节送礼始终是中国人心中的纠结。现在有了"脑白金",当然为顾客解决了"送什么礼"的难题,也为"脑白金"打开了销售之门。

广告的目的就是为了记忆。这就需要广告的内容简单、直接。对生活消费品广告来说,一定要明确告诉消费者商品的用途(准确的定位),并把这种诉求不断地重复(因为消费者不会进行有意记忆),直到在消费者的头脑中建立起牢固的表象。

广告传媒界都认为广告应该有创意。然而,这并不是"放之四海而皆准"的真理。"脑白金"广告没有一点儿创意,可是它却成功了。这至少说明,有些广告,不需要创意也能成功。

据说巨人集团也曾拍过有点创意的送礼广告:大山给师傅姜昆送"脑白金"。可惜这则广告有创意,却没有营销力。

总结"脑白金"的广告实践,可以得出这样一条营销心理的推论:生活消费品类的广告,基本不需要创意。只要广告中的基本符号不变,广告诉求不变,然后不断重复,就可以使公众记住,并产生深刻表象。

也许有人认为这个营销心理的推论,有点儿类似"不能流芳百世,亦当遗臭万年"的观点。事实上,品牌不是表现在商品的标志上,而是镌刻在公众的记忆里。"脑白金"被骂是痛苦的,可是"脑白金"赚钱,却是快乐的。

3. 激发疑问加深记忆

"迫使"公众对广告提出疑问,也可以加深公众的记忆。例如:农夫山泉的广告词是:"农夫山泉有点甜"。

看了这则广告,绝大多数人会产生这样的疑问:"泉水怎么会甜呢?"

水是无色、无味的,这是生活常识。"农夫山泉怎么会甜呢?"这就引起了公众的好奇心理。这则广告正是抓住了公众的这种心理,诱使公众进一步观看商品广告。这句简单的广告语就成了农夫山泉的主要记忆点。它所暗示的一个"甜"字,则是农夫山泉品牌价值的集中体现。

实际上,水是无色、无味的,这只是"科学"常识。水的味道可以因心情和环境而改变,这是"心理"的常识。激战"上甘岭"的志愿军战士,喝上一口用生命换来的泥浆水,也会觉得如饴甘霖。

4. 广告应为公众的再认或回忆提供标志

再认或回忆广告信息的准确性,取决于公众对广告信息的识记和保持的程度。心理学测试表明,如果刺激物有明显的、便于记忆的特征(标志),那么以这个特征为记忆线索,再认或回忆的准确性就比较高。

公众对商品广告的记忆方式主要是无意记忆。因此,不需要特别努力就可以记住的那些简单的标志,例如企业标志、商品商标(包括文字、图案、颜色)、广告语、典型场景等,就可以为公众对广告的再认、回忆,提供明确的记忆路径。广告应该不断强化这些简单易记的标志。

5. 加深公众记忆的重复艺术

不断重复可以加深记忆。这是心理学的规律。重复播放广告虽然有助于加深公众的记忆,但是也带来两个问题:一是重复播放相同内容的广告,容易引起公众的厌烦心理;二是重复播放广告,会增加广告成本。

(1) 公众的厌烦心理。国内有学者研究发现[1],受试者见过率在80%以上的广告,再认成绩显著高于见过率只有10%以下的广告。商品名称重复3次以上的广告,其再认成绩明显地高于商品名称只播1~2次的广告。

重复播出同一则广告,虽然对企业有利,但是对公众来说,未必就是好事。不断重复公众不喜欢看的和听的广告,无异于"谋财害命"。

市场竞争和信息爆炸,使商家都渴望自己的商品能被公众记住,这可以理解。可是这种不顾公众的心理,只是一厢情愿狂轰滥炸的商品广告,不但无法达到企业预期的目的,而且对商品品牌也是一种伤害。"城门失火"也会"殃及池鱼"。公众可能会通过厌恶商品广告,对商品本身产生厌烦心理。

广告的目的是要使商品获得公众的认可,希望公众喜欢商品,而不只是为了博取眼球,更不是让公众产生反感。好的商品广告,能在商品与公众之间建立起情感的链接,展现商品的理念和人性,公众会自然而然地对商品产生好感并记住商品。那种让公众感到不舒服,甚至产生反感的商品广告,虽然可能会强迫公众的眼球,也可能会使公众记住,但是却无法强迫公众掏出口袋里的钱。

(2) 重复广告的营销心理原则。电视广告的费用是以"秒"来计算的。重复广告必然增加企业成本。

重复多了,增加成本;重复少了,作用不大。怎样才能根据公众的心理,获得最佳心理效果的商品广告重复次数呢?

心理学家经过多次实验,至今未能得出重复广告的营销心理规律。因为广告重复的效果不但与广告重复的次数有关,而且与广告制作的形式和公众的主观记忆、认知能力有关,还与商品符合市场需要的程度有关。

根据对公众心理测试的结果,可以总结出以下的营销心理原则:

第一,内容抽象、复杂、信息量大的广告,重复次数要多一些;内容具体、简单、信息量小的广告,不宜过多重复。

第二,公众不太了解的新产品、社会关注度小的商品,重复次数可以多一些;公众熟知的一般性商品、社会关注度大的商品,重复次数可以少一些。

第三,公众认可、信赖的商品,可适当减少广告的重复次数;正在拓展市场的商品,重复

---

[1] 黄合水和彭聃龄(1990)曾直接以电视广告为实验材料作研究。

广告的次数应该多一些。

第四,公众喜欢的广告可以多放几次;公众不喜欢的广告,不宜过多重复。

第五,竞争激烈商品的广告,要重复播放。

第六,重复广告,应该在保留广告诉求点不变的条件下,进行广告形式的变化,推出不同形式的系列化广告。

(3) 商品广告的重复策略。采取什么样的广告重复策略,也会影响广告的效果。

第一,集中策略。在较短的时间内,高密度地重复播出。

第二,分散策略。在较长的时间内,低密度地重复播出。

根据营销心理的测试,这两种重复广告策略的记忆效果不同。

1959年,齐尔思克把同一品牌13则广告,分别以不同的重复策略播出,得到了如表2-2所示的测试数据。

表2-2 不同重复广告策略的心理测试数据

	播出频率	学习效果	播完后立即测试回忆率	一个月后复试回忆率
集中策略	1次/周	学习速度快	63%	33%
分散策略	1次/月	学习速度慢	48%	37%

根据这些心理测试数据,齐尔思克得出如下一些结论:

第一,采取什么样的广告策划,应根据实际情况而定。

第二,集中策略的学习速度比分散策略快。内容复杂的广告,应采用集中策略;内容简单的广告,可采用分散策略。

第三,不连续重复播出的广告,公众很难记忆。随着重复次数的增加,可以增加记忆的正确性。

第四,新产品要达到迅速扩展市场的目的,应采用集中策略;想要在较长的时间内获得平均广告效果,长期维持品牌的知名度,应采用分散策略。

二、营销活动中的遗忘

(一) 遗忘概念与遗忘曲线

1. 遗忘概念

遗忘是记忆的对立面,是指对记忆的内容不能保持,或不能顺利提取的现象。遗忘的分类见图2-12。

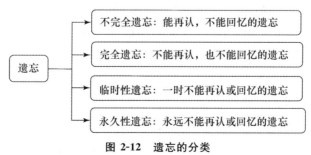

图2-12 遗忘的分类

2. 艾宾浩斯遗忘曲线

著名德国心理学家艾宾浩斯对记忆保持量的变化进行了系统研究。他的结论是：记忆在不同时间的保持量是不同的，可以用一条曲线表示。刚记忆时的保持量最大，然后急剧下降；经过一定时间以后，保持量稳定下降，最后接近稳定。这条曲线被称为艾宾浩斯遗忘曲线，见图2-13。

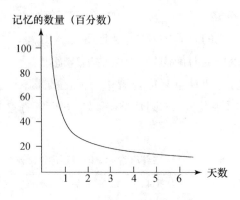

图2-13 艾宾浩斯遗忘曲线

3. 影响遗忘的因素

影响遗忘的因素有时间、重复次数等，见图2-14。记忆是遗忘的反面，例如间隔的时间越长，就越不容易记住，容易遗忘；重复次数越多，就越容易记住，不容易遗忘。

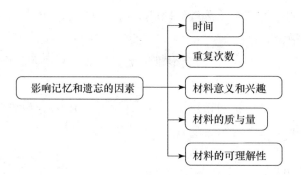

图2-14 影响记忆和遗忘的因素

（二）知觉偏差与遗忘规律

1. "首因效应"

心理学的"首因效应"，是指第一次见到的人与事物不容易遗忘。"首因效应"在日常生活中屡见不鲜。例如，人们很难忘记"初恋"、"初吻"等第一次的行为。现在年轻人在相亲时特别注重"眼缘"与"心动"，这实际上就是"首因效应"对恋爱心理的影响。

商品交易也是这样，其"首因效应"主要表现在以下两个方面：

第一，公众对首次接触的广告、商品，印象比较深刻。采取"先发制人"营销战术的企业，就是利用"首因效应"的营销心理获得市场先机。

第二，顾客与商品也是有"眼缘"的。当顾客在琳琅满目的商品群体中，突然发现了一件令她"心动"的商品，就会在冲动心理的驱使下购买。即使以后再遇到更好的商品，顾客也难有那样激动的心情。

2. "近因效应"

心理学的"近因效应",是指人们对最后一次见到的人与事物的记忆效果,要优于对过程中间见到的人与事物的记忆。中间间隔的时间越长,"近因效应"就越明显。这是因为前面的信息在记忆中逐渐模糊,从而使近期信息在短时记忆中不容易遗忘。

销售员在进行销售活动时,一定要注意"近因效应"的影响。一方面,要注意交易购买阶段的完美接待,以免前功尽弃。无论是新老顾客,无论是买与不买,服务都要到位,言语都要热情,以发挥"近因效应"的作用,使顾客能经常来光顾。另一方面,面对顾客的不满、质疑,甚至纠纷,也要妥善处理,要尊重顾客、理解顾客。这样才能在顾客心中树立良好形象。

"近因效应"对营销部门的领导也有一定的启发作用。营销工作有其特殊性,营销的领导力和执行力之间总会存在差距。因此,批评与被批评也就在所难免。作为领导者,要注意的一件事就是"怒责之后,莫忘安慰"。这就是说,领导在批评的过程中,难免有些话会说得重一些,可是只要结束语比较人性化,甚至给予适当的肯定、表扬、安慰,就能使被批评者容易接受,不至于产生对立情绪。

3. *品牌延伸的心理基础*

品牌延伸是指企业将某一知名品牌扩展到其他新上市的商品上,凭借现有品牌在市场上的成功,促进新上市商品的营销过程。

从营销心理的角度来看,品牌延伸符合公众的心理习惯。公众对某个品牌如果有满意的印象,就会对这种品牌形成良好的表象。这种品牌在公众的心理上就会产生"晕轮效应",从而影响公众未来的消费行为。特别是当公众进入一个他们不熟悉的消费领域时,他们的头脑中,并没有可以信赖的品牌认知。在这种条件下,公众接受在心理上已有"晕轮效应"的品牌所延伸的其他商品,的确是非常自然的。

品牌延伸必须要符合营销心理的规律。营销心理学的研究认为,公众心理的品牌迁移,实际上可以通过直接迁移机制和间接迁移机制两种方式来实现。

直接迁移机制是指公众通过条件反射机制,使原品牌迁移、延伸到新的商品。在这种情况下,公众基本上不会对原品牌与新的商品之间的关系进行认真的比较,而是直接购买新的商品。

间接迁移机制是指公众不会盲目轻信经过延伸的品牌,而是通过比较,认真分析延伸品牌原来的商品,与现在新的商品之间是否融合?只有在公众心理倾向认为两者一致的情况下,公众对原品牌的态度和情感,才有可能迁移到新的商品。

"首因效应"与"近因效应"对营销活动都会产生一定的影响,然而这两种心理效应的作用却是相反的。在商品品牌延伸的过程中,它们会对公众的心理产生什么样的效应呢?

从爱屋及乌的心理来看,似乎原来的"首因效应"一定会延伸到新商品的营销,使新商品也能顺利占领市场。可是由于有"近因效应"的心理影响,情况就变得比较复杂了。

(1)公众的心理"共振"。当"近因效应"产生的心理影响,与"首因效应"原来的心理影响协调同步,那么公众就会对原有的品牌产生肯定的心理反应。这种心理反应会加强原有品牌在公众心目中的地位,发生共振现象,促进新的商品销售,从而使该品牌成为企业很多商品共有的品牌。

> **案例　你知道娃哈哈品牌下的商品吗?**
>
> 　　1989年,娃哈哈通过市场研究,针对营养液市场儿童消费群的空白,推出"娃哈哈"儿童营养液,成功迈出品牌的第一步。营养、健康、童趣、活力的品牌诉求很快深入人心。
>
> 　　1990年娃哈哈公司凭借"喝了娃哈哈,吃饭就是香"一句广告词,使"娃哈哈"享誉大江南北。
>
> 　　1991年,娃哈哈公司兼并了杭州罐头食品厂,组建杭州娃哈哈集团公司,使娃哈哈的品牌延伸到饮食行业。
>
> 　　1992年,娃哈哈开发的儿童果奶在市场上大获成功。"首因效应"与"近因效应"的心理叠加,巩固、发展了娃哈哈的品牌优势,为日后品牌的再次延伸奠定了基础。后来娃哈哈推出的系列乳饮料、娃哈哈乳酸菌奶饮品、哈哈宝贝乳饮品,以及娃哈哈系列果汁等产品的"近因效应",与核心品牌的"首因效应"具有高度的关联性。娃哈哈营养、健康、欢乐的品牌诉求很快深入人心,加之其完备的营销网络,迅速占领了市场,提升了娃哈哈的品牌知名度和顾客的忠诚度。
>
> 　　1995年,娃哈哈进军成人纯净水行业。这时,成人纯净水的"近因效应",就与儿童饮料的"首因效应"发生了一定的心理摩擦。可是纯净水与饮料还算是两个比较接近的行业。娃哈哈的营销宣传进行了调整,淡化了原先的儿童概念,以"我的眼里只有你"、"爱你等于爱自己"等广告语来宣扬年轻、纯净,成功地使年轻人对品牌产生认同感。这样,"近因效应"就"修正"、"调整"了原来"首因效应"在公众心理的品牌形象,由适合儿童的童趣、欢乐,转变为可靠、安全、快乐、活力,延伸商品的形象定位显然发生了变化。
>
> 　　到1995年年底,娃哈哈品牌包含了儿童营养液、果奶、纯净水、八宝粥等30多种产品。
>
> 　　2012年,娃哈哈的利润为80亿元,税收60亿元。2013年,娃哈哈坚持饮料主业的发展,在原有的基础上转向保健,迎合消费者追求健康的心理。2013年,娃哈哈销售额预计800亿元,利税234亿元。娃哈哈的资产规模、销售收入、利润和利税等指标,连续15年位居中国饮料行业之首,成为中国最大、效益最好和最具发展潜力的食品饮料企业。

(2) 公众的心理"衰减"。当"近因效应"产生的心理影响,与"首因效应"原来的心理影响发生矛盾时,公众就会对原有的品牌产生否定的心理反应。这种心理反应会削弱原有品牌在公众心目中的地位,产生"衰减"现象。这样,原有的品牌不但不能促进新的商品销售,而且对原有商品的销售也会产生负面影响。

案例　海尔药业的失败

绝大多数中国人都知道海尔品牌。这与海尔冰箱在公众心理上形成的"首因效应"有极大的关系。

1996年11月,海尔药业成立。这意味着海尔品牌要向制药业延伸。在海尔品牌"首因效应"的心理影响下,"采力"保健品(实际上,保健品并不属于药业的范畴)的销售额曾经超过1亿元。可是消费者追求的是商品的核心价值,"采力"只经过1997年短暂的辉煌,就踪迹全无。

1998年,海尔加大对医药产业的投入,全面进入医药流通业。2004年12月,青岛海尔医药有限公司正式成立。企业的定位是:"海尔药业做药品生产,海尔医药做医药流通",实现"两条腿走路"的方针。然而,任何努力都不能复制海尔品牌在家电领域里所创造的奇迹。海尔在药业领域的销售额始终只有区区的1亿元。

2008年7月8日,海尔药业被中国生物制药有限公司以51%的股权收购,更名为正大海尔制药。

海尔在"采力"保健品失败的"近因效应",对公众产生的负面心理影响,显然超过了海尔品牌在家电业的"首因效应"产生的正面心理影响。

公众心理上认为海尔品牌就是中国家电业的标志。在心理定式的影响下,他们不会认为海尔品牌在其他与家电不相关的行业里也会成功。加上那些不成功的"近因效应"的作用,更加深了公众的这种心理定式。海尔的失败,就在于它原有的品牌个性不能延伸到其他品牌领域。

课堂讨论

当你在青岛街头看到海尔餐饮公司(它确实是海尔集团旗下的子公司)所属的"海尔饺子店"的招牌时,你的心里有什么样的感觉?

观察与思考

请进行如下的观察实训:

(1)请观察超市商品的摆放位置,并体会"首因效应"、"近因效应"对顾客记忆与遗忘的影响。

(2)请观察一部影片的开头与结尾的情节安排,并体会"首因效应"对顾客记忆与遗忘的影响。

4. 蔡戈尼克效应

德国心理学家蔡戈尼克发现,人们对尚未完成的事情,比对已经完成的事情印象更深刻。如果某项工作中途被阻后,再继续完成,那么人们对这项工作就不容易遗忘。

产生这种效应的心理原因是：人的心理普遍有一种"未完成意识"的纠结。人们总是希望自己的行为能顺利完成。如果这种行为因为各种原因不能顺利完成，那么个体的各种心理因素就会想方设法寻找不能完成的原因，并力求找到解决问题的途径和方法。在行为没有完成之前，人的心理一定会"潜移默化"地继续思索这个问题的"答案"，事后在潜意识中也会留下深刻的印象而不容易遗忘。

很多专营零部件配售的行业，实际上就是利用了蔡戈尼克效应。当人们在日常生活中发现原来完好的东西，突然因为某个零部件坏了而不能再使用时，他们就会在蔡戈尼克心理效应的驱使下，到处去寻找这个零部件。有"淘宝"经验的同学是很容易理解这个心理效应的。一旦实现了"淘宝"的愿望，内心的兴奋难以掩饰，也许可以快乐好几天呢。

（三）收购的目的就是为了遗忘

公司之间的收购兼并是正常的商业行为。一般人都以为，收购方的目的，当然是为了低成本增资。有谁愿意购买一个没有使用价值的东西呢？可是在市场营销实践中，有些商业行为却完全违反一般人的思维逻辑。例如收购方购买被收购方名牌商品的商标，常常并不是为了牟利，而是为了不让该名牌商品在市场上继续与公众见面，从而使公众逐渐遗忘该名牌商品。

案例　雪藏"美加净"

1962年，上海家化联合股份有限公司创立了"美加净"商标和品牌。这是中国化妆品市场第一支定型摩丝、第一支防晒霜、第一支定型护手霜等商品的统一商标和品牌。

1990年，美加净进入销售巅峰期，以10%以上的市场份额，无可争议地成为化妆品行业的第一品牌，年增长率高达两位数，销售收入3亿多元。

在政府招商引资的指令下，1990年掀起了一股"中国商标和品牌外嫁"的风潮。"美加净"被庄臣以1200万美元收购。

庄臣收购"美加净"的目的，是为了用"美加净"销售商品获利吗？不是！庄臣只是为了雪藏"美加净"才收购"美加净"。收购后，既没有广告投入，也没有商品信誉度的维护。"美加净"的销售额，从1990年的3亿元人民币，直线下降到1991年的600万元人民币。中国护肤商品第一品牌的"美加净"，几乎在市场上销声匿迹。合资后留下的母体企业，由于没有名牌商品的支撑，年销售额锐减54%。

庄臣为什么要这样做？原来庄臣的目的，只是为了消灭中国著名品牌在公众心目中的记忆！利用中国知名品牌的营销渠道、市场培育系统，大力培育庄臣自己的品牌。通过无意记忆形成的短期记忆，只要不再重复进行广告宣传，公众很快就会忘记这个品牌。一旦市场形成了品牌"真空"状态，洋品牌就可以趁虚而入，很快占领中国广阔的市场，达到消灭中国知名品牌商品、消灭中国市场竞争者的目的。这种目的，只要通过遗忘就可以轻易达到。

1994年,上海家化忍痛出价5亿元人民币,收回风光不再的"美加净"商标。2004年9月,为了重新唤醒公众已经失去了的记忆,美加净在沉寂10年后,以近5000万元竞得央视新闻联播后和焦点访谈前两个A特标段。打响了上海家化"美加净复出计划"的第一枪。

"美加净"商标在央视投放广告当月,销售额迅速提升10%以上。"美加净"被遗忘的损失十分惨痛。直到2008年,"美加净"才又重新回归到3亿元的市场规模。可是公众的记忆一旦复苏,"美加净"每年都保持两位数的增长速度。

外商利用遗忘规律,打击中国著名品牌的事例比比皆是。外资企业收购后,无论是雪藏也好,提价也好,降价也好,闲置产能也好,不兑现广告投入的承诺也好,万变不离其宗,目的都是为了让中国这些知名商标和品牌被公众遗忘,强化公众对国外商品品牌的记忆。

第三章　营销活动与注意力

注意是指人的心理活动过程对某个或者某些对象的指向和集中。当某件事物引起人们特殊的心理活动时，人的感知活动就会指向它，以求得对该事物比较全面的认识。

注意力是指人们关注某个事物的持久程度。注意力把人的精神活动投注在特定的事物上，这些特定的事物才能进入人的头脑引起感觉、知觉、表象等一系列的心理过程。

第一节　注意力经济

一、注意力是营销活动中的稀缺资源

诺贝尔奖经济学奖获得者赫伯特·西蒙在对经济发展趋势进行预测时指出："随着信息的发展，有价值的不是信息，而是注意力。"这种观点被IT业和管理界形象地描述为"注意力经济"①。

从心理学的角度来说，注意是启动机制，它能使主体所有的心理活动都集中在对象上。假若主体对外界刺激物没有注意，就会视而不见、听而不闻，感知、想象、情感、理解等心理过程也就无从谈起。如果说眼睛是心灵的窗户的话，那么注意就是主体打开窗户的原因。

从宏观上讲，注意力经济学主要研究如何吸引注意力而有助于经济发展；从微观上讲，注意力经济学主要研究交易双方的注意力问题。从卖方来说，要研究如何最大限度地吸引公众的注意力，以期获得最大的商业利益；从买方来说，要研究如何最大限度地节约注意力，从琳琅满目的商品世界中，多快好省地买到心仪的商品。

在注意力经济中，最重要的资源既不是货币资本，也不是实物资本，甚至不是信息资本，而是公众的注意力。因为只有公众注意到某种商品，他们才有可能成为购买该商品的顾客和消费者，所以注意力才是营销活动的逻辑起点。

心理学家曾经得出这样的结论：在人的感觉器官中，有80%的外界信息是通过眼睛获得的。这就是说，吸引公众的注意力最重要的手段，就是对公众视觉的争夺。因此，注意力经济也被称为"眼球经济"。

---

① 1997年，迈克尔·戈德海伯在美国发表了一篇题为《注意力购买者》的文章。他认为：信息经济的提法不妥当。因为经济学研究的主要课题是如何利用稀缺资源。可是在互联网时代，信息不但不是稀缺资源，而且是过剩的。相对于过剩的信息，只有一种资源是稀缺的，那就是人们的注意力。

二、营销活动注意力的特点

营销活动注意力的特点是:有限性与稀缺性、独特性与引导性、传递性与价值性。见图3-1。

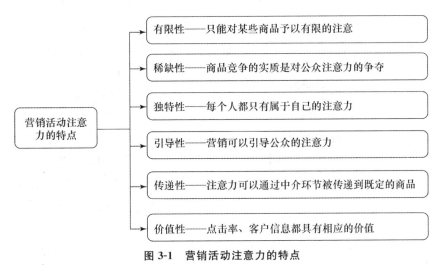

图3-1 营销活动注意力的特点

(一)有限性与稀缺性

因为公众的精力有限、时间有限、商品认知水平有限,市场上的商品又琳琅满目,目不暇接,所以公众不可能对所有商品都注意,更不会发生公众只关注某个商品的现象。这就是说,那些不能引起公众注意的商品,就不会被人购买。

注意力有限性的营销推论:

第一,注意力的有限性直接导致注意力的稀缺性。有限的注意力要注意无限的商品,注意力就越来越成为稀缺资源。

第二,注意力越来越成为公众对商品进行判断和筛选的标准。越是被公众注意的商品,销售量就越大。马太效应在这里就会起作用①,这也是产生"从众心理"的基础。

(二)独特性与引导性

每个人只有属于自己的注意力,不可能代替别人的注意力。注意力既不能共享,也无法复制,这是公众注意力的独特性。当然,公众的注意力会受到各种因素的影响。企业可以通过各种营销活动,影响、争取公众的注意力;公众之间也可以通过交流、沟通来相互影响。

注意力独特性的营销推论:

第一,注意力的独特性直接导致注意力的引导性。营销的功能,就是要通过各种有效的营销活动吸引公众的注意,把公众的注意力引导到企业的商品。

第二,"口碑营销"是引导公众注意力的重要手段。

第三,"从众心理"是公众注意力被引导的心理基础。

---

① "马太效应"是指强者愈强、弱者愈弱的现象。广泛应用于社会心理学、教育、金融以及经济学等众多领域。取名来自圣经《新约·马太福音》中的一则寓言:"凡有的,还要加给他叫他多余;没有的,连他所有的也要夺过来。"

第四，只要公众的注意力被引导到特定的商品，该商品就有进一步吸引其他公众注意力的优势。

第五，营销活动不能"润物细无声"，而要"先打雷，后下雨"。声势越大，吸引的眼球就越多。

（三）传递性与价值性

注意力可以被传递。虽然一开始公众的注意力并没有落在企业的商品上，而是注意某个事物。可是只要这个事物与商品存在着某种关联，注意力就可以以这个事物为中介，传递到企业的商品上。"名人广告"、"事件营销"等，就是注意力传递性的具体体现。

注意力传递性的营销推论：

第一，因为注意力具有传递性的特点，所以注意力本身也就有了"价值"。注意力本来是没有"价值"的，因为它不是买卖的对象。可是当商品的买卖要以注意力为前提的时候，商家为了能卖出商品，就必须先"买入"公众的注意力。商家"买入"公众注意力的费用，显然会成为商品价值的组成部分。这种商品价值的附加部分（包括其溢价），就是注意力的"价值"。

第二，产生注意力中介的"寻租"行为。商家要"买入"公众的注意力，显然不可能和每个个人都进行单独的交易。它必须要与某个公众注意力的传递中介进行交易。这样，这些能够成为传递公众注意力的中介，也就有了"价值"。产生这些中介"价值"的机制，就是经济学的"寻租"机制[①]，租金就是这些中介的"价值"。

三、网络经济的注意力

（一）点击率

在网络经济中，网络平台是典型的注意力中介。"点击率"是网络平台传递注意力能力强弱的客观量度。因此，"点击率"是网络经济注意力价值的间接体现。它可以转化为网络经济主体的真金白银。

网上商店的信誉度，是公众网购最大的心理障碍。公众为了避免网购的风险，发现网上商品的"点击率"可以成为网民衡量网店商业信誉度可靠与否的量化指标：凡是"点击率"高的网店，商业信誉度一般都比较好；凡是"点击率"高的网上商品，一般都比较受网民的欢迎。这实际上是"从众心理"在网民中引起的心理反应。

有了"点击率"，"马太效应"的作用就不可被忽视。"点击率"越高的网店，生意就越好；生意越好的网店，它的"点击率"就越多。因此，追求网店在网页上靠前的排名，也就有了经济动力；各种网络广告也就有了生存的"理由"。

正因为"点击率"可以成为网店商业信誉度比较可靠的量化指标，它就具有了传递网民注意力中介的条件，所以"点击率"也可以产生附加的"价值"。

由此，就不难理解为什么会出现"网络水军"。从"贾君鹏，你妈喊你回家吃饭"，到蒙牛

[①] 在传统的经济学理论中，租金就是地租，后来泛指一切稀缺资源附加的超额收入。寻租就是掌握这些稀缺资源的主体，通过非生产性的行为，寻求那些愿意付租金者的交易行为。

"诽谤门"事件暴露,到"3Q"大战,到"小月月"的疯狂蹿红,再到"魅族手机"被曝上市炒作等,背后都有"网络水军"在兴风作浪。"网络水军"就是"点击率"的"价值"实现者。他们在网络上的作用就是为了获得广大"网民"的注意力,为网络企业谋求经济利益。

(二)差评师、删差评师与刷好评师

网店信誉度的另一个量化指标,就是顾客的评价。顾客在网店购物消费以后,必然有满意或者不满意的心理体会。通过网络,顾客就可以"自由"地把这种消费心理表达出来。这就是所谓的"好评"与"差评"。一个网店如果"好评如潮",那么网民就可以认为它的信誉度高;一个网店如果"差评屡见",则会在网民的心理上蒙上阴影,唯恐自己也会吃亏上当。为了争取自身利益的最大化,网民当然愿意到好评多的网店网购,拒绝到差评多的网店购物。这样,"好评"与"差评"就直接和网店的经济利益有关,甚至影响到网店的兴衰盈亏。

从一般的营销意义上来说,网店应该不断改进工作,全心全意为网民服务,争取更多的"好评",尽量减少甚至消灭"差评"的出现。可是在巨大的经济利益的驱使下,特别是在互联网的隐蔽性和跨地域性的背景下,买卖双方互不见面,缺少感情的直接沟通,就有可能出现某些网民或者网店不遵从基本的营销规则,使本来没有任何"价值"意义的"好评"与"差评",在"注意力有传递性"心理特征的条件下,具有了"价值"。

于是,网络上就出现了"差评师"、"删差评师"与"刷好评师"这些特殊的职业。他们获得的经济利益,也就是"好评"与"差评"的附加"价值"。

案例 网络"评价"案件

2012年6月24日,顾客宋宇看中了某网店销售的两条裤子,于是在网上下单成功购买。宋宇收到商品后,却发现卖家并没有提供购物发票。

于是,宋宇以该网店存在不提供购物发票的违规行为,向淘宝客服提交了对该网店的两条差评。

网店店主看到宋宇的差评后十分重视,积极与他沟通、解释。宋宇表示:"要想删掉这两条差评,每条裤子必须赔偿3000元。"

经过反复协商,店主以赔偿3000元的条件,让宋宇删除这两条差评。事后,店主心理很不平衡,便向公安机关报了案。2012年10月18日,宋宇被刑拘。沈阳市沈河区法院在2013年2月一审认定,"差评师"要钱删差评的行为,构成了敲诈勒索罪,依法判处宋宇拘役5个月,并处罚金3000元。

2013年3月,杭州市公安局与淘宝网共同宣布,破获全国首例"恶意差评师"案。7名犯罪嫌疑人被杭州警方抓获,并以涉嫌敲诈勒索罪被逮捕。公安机关对此类网络新型犯罪方式进行打击,意味着电商法制化进程加速,有助于网络零售业的健康发展。

"亲,给好评噢。"在这句网购问候语背后,隐藏着另一层心理含义:"请不要给中差评。"因为淘宝网规定:好评率达不到一定程度的卖家,不得参加淘宝官方的促销活动。这显然会影响卖家的销售额。于是继职业"差评师"后,网购职业"刷好评师"和"删差评师"也应运而生。

广东一名网友晒出职业"删差评师"的一些"职业"手段：
- 先打电话求顾客好好商量，跟他说我们赚钱也不容易。引发客观的恻隐之心。要是对方不改，就打心理战，采取骚扰的手段。在凌晨两三点打电话把他吵醒。
- 顾客的心理都是"怕麻烦"，"多一事不如少一事"，一般都会改。如果还不肯改，心理战就会变成'攻坚战'，向社会公开顾客的信息。例如可以在网上发布顾客有房源出租、希望交友等信息。动员全社会的力量不断地冲击顾客的心理防线。甚至会在逢年过节时给顾客邮寄丧葬物品，让他过不好年节。经过一次次心理攻击后，他们肯定就投降了。顾客为了心理的安宁和正常生活不受骚扰，只能答应修改差评。

删除一个差评要多少钱？需要几天能删除差评呢？

职业删差评师说："168元(一路发)，不讲价。现在都是这个价格。先删除，后付款。卖家只要把顾客的地址、电话和差评信息发来就可以了。其他都不用管。一般也就是三天。快的几个小时就可以搞定。"

网上搜索"删差评"，结果有70多万条信息。标价从30元到260元不等。

淘宝网公关部工作人员说："卖家雇人用沟通的方式修改中差评，并不违反淘宝的规定。要删除中差评有很多种情况。其中包括正常的售后服务外包。这是通过沟通取得消费者的同意，帮助消费者和卖家共同解决问题的服务外包。"

为了铲除毒瘤，淘宝网曾对"恶意差评师"展开行动，处罚恶意买家账号6.5万个，拦截关闭10多万笔恶意订单。淘宝网在2012年7—10月接连进行规则调整，弱化"好评率"对商家的影响。如淘宝宝贝搜索和店铺搜索中，"好评率"不再影响搜索结果。

采取恐吓、骚扰等手段威胁顾客删除中差评的做法，已经触犯了法律、法规。顾客可以向淘宝投诉，或直至报警。淘宝网为了减少因为差评而引起的交易双方的矛盾，正推出网店动态评分机制。可以作为顾客判断卖家信用等级的参考信息。

一边是职业差评师以"给差评"为要挟，向店家索要金钱或赠品，甚至作为打压同行排除竞争对手的手段；一边是顾客频遭职业"删差评师"的电话骚扰和短信威胁。真所谓是"成也是好评与差评，败也是好评与差评。"

第二节 吸引公众注意力

一、公众注意力的力学分析

1. 信息渠道通畅条件下公众注意力的力学分析

在信息渠道通畅条件下，有五种力量影响主体的注意力，见图3-2。

一是企业的营销执行力。它的作用是通过企业营销人员强有力的营销活动，把商品信息推到公众的眼皮底下，近距离地引起公众的注意。营销执行力永远是营销的生命力。

没有优势的营销团队,没有优秀的经销商队伍,就不可能有超强的营销执行力,再好的营销战略、战术,也不能使商品在市场上获胜,成功永远只能是梦想。

营销执行力包括品牌营销力(商品附加值、商品信誉、公众对商品的熟知度、商品的服务保证等)、品牌传播力(商品广告)、商品促销力(商品打折等优惠活动)、情感亲和力(销售人员对公众的服务态度)、服务溢价力(售后服务)等。

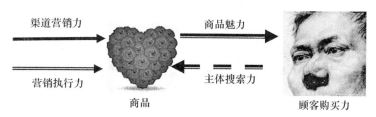

图3-2　信息渠道通畅条件下公众注意力的力学分析示意图

二是渠道营销力。包括渠道分销力(在最短的时间内,使商品从生产领域进入消费领域)、终端推荐力(最大限度增加商品与公众接触的机会,如铺货、堆头、上架、推荐等)。

三是商品本身的魅力。包括商品的有用性和审美特性。

人的生存和发展,离不开消耗物质和精神的商品。因此,商品所具有的有用性,是商品满足人们需要的天然魅力。商品的有用性和消费者需要之间的吻合度越大,商品的魅力就越大。

商品除了有用性以外,还具有一定的艺术性。商品的艺术性是在人类历史发展的过程中,与人类审美能力的提高同步发展的。商品如果符合人类传统的审美习惯,那么公众就认为它是"美"的;如果不符合人类传统的审美习惯,那么公众就认为它是"不美"的。

人人都有爱美的天性,因此,公众觉得美的商品,被购买的可能性就大;公众觉得不美的商品,除了迫不得已时才购买外,一般鲜有问津。商品的魅力对公众来说,是一种不可抗拒的天然吸引力。美的商品即使静静地放在货架角落,公众的注意力也会不知不觉地被吸引过去。这就是"桃李不言,下自成蹊"的心理效应。

四是主体主动寻求商品的搜索力。很多人认为,在营销活动中,卖方是积极主动的,而买方只是消极接受,实际情况并不都是这样。在很多情况下,顾客为了满足需要,也会积极主动地在市场上搜寻能够满足自己需要的商品。企业只要发现顾客的这种需要,生产出适销对路的商品,就可以引起需要这种商品顾客的注意力。

五是顾客的购买力。顾客的购买力虽然是交易的必要条件,但是它却不是商品吸引顾客注意力的必要条件。这就是说,即使顾客没有能力购买某种商品,也不妨碍他们对该商品的注意。

2. 信息阻隔条件下公众注意力的力学分析

当公众的注意力与商品之间的信息渠道被阻隔时,他们就不可能直接获得商品信息。但这并不等于他们不可能从间接的渠道(例如口碑影响力和他人示范力)获得商品的信息,见图3-3。

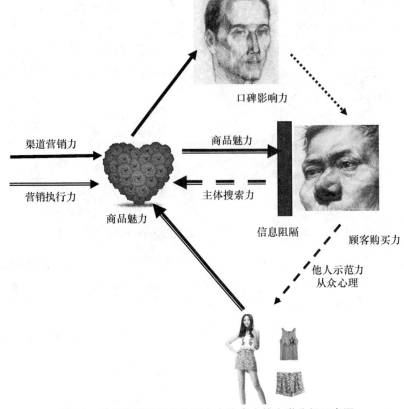

图 3-3　信息渠道阻隔条件下公众注意力的力学分析示意图

二、商品魅力与注意力分析

商品的魅力不管在什么条件下,总是第一位的。但这并不是说,只要商品本身有魅力,就一定可以被公众注意到。

(一)营销可以使商品的魅力发挥到极致

在日常生活中,"天然去雕饰"的美女,固然能在小范围内被公众注意到。可是却很难被更大范围的公众注意到,而营销却能产生这样的奇迹。

> **案例　让"天仙妹妹"一夜成名**
>
> "天仙妹妹"汉名余红艳,原名尔玛依娜,出生在四川省阿坝藏族羌族自治州东南边缘的理县。
>
> 尔玛依娜初中毕业后,曾经在阿坝州歌舞团当过群众演员。因父亲患病返回桃坪羌寨务农。
>
> 杨浪,成都人。长期旅居瑞士的商人,每年回成都短暂居住。杨浪喜欢开车远游,也喜欢摄影和网络世界。2005年8月,杨浪独自驾车经过尔玛依娜的羌寨,发现了她惊人的美艳。

"那一瞬间,我觉得太不可思议了。她穿着羌族少女的服装坐在那里,那种天然去雕饰的美,宛若天仙,让人窒息。我恍惚觉得自己看见的是一个仙女。"

后来,杨浪四进羌寨,追踪拍摄羌族民风和原生态的尔玛依娜。这些出水芙蓉、宛若仙子的照片,被杨浪配上文字上传到网络,发表在各大论坛里。

论坛是一个互动式的媒体平台。在这个平台上,每个人都是信息的制造者、信息的提供者、信息的编辑者,每个人也都是信息的接收者、信息的传播者、信息的评论者。网友们对"天仙妹妹"照片的反应非常热烈。"天仙妹妹"的称呼不胫而走,尔玛依娜一夜成名,见图3-4。

图3-4 尔玛依娜

作为商人的杨浪,开始用营销手段来打造"天仙妹妹"。和李宇春的"玉米"、何洁的"盒饭"一样,天仙妹妹也有自己的"纳米"。

网络的疯狂炒卖,迅速引起了主流媒体的注意,全国各地的报社记者、杂志记者、电视台记者纷纷到四川理县采访"天仙妹妹"。报纸、电视、杂志的介入,使"天仙妹妹"被更多的公众注意,人气再次飙升。南京网友"快马轻刀雪上飞"自掏30万元,为"天仙妹妹"出画册。

一个大山深处单纯而宁静的美丽少女,先后成为中国"羌学会"副会长、2008北京奥运会祝福使者和奥运火炬手;先后签约唱片公司制作唱片、参加四川省春节联欢晚会、拍摄《香巴拉信使》《尔玛的婚礼》《绝密1950》等多部电影、主演音乐剧《金沙》、出版个人传记《天仙妹妹》。

"天仙妹妹"的商业价值也得到了充分的发掘。凭借她独特的气质做到了"有价有市"。她是索尼、爱立信手机的形象代言人、四川电信下属网站"天府热线"的代言人、中国电信四川阿坝州分公司代言人、理县旅游形象代言人、四川旅游形象大使、国内首家电子杂志DIGJOY的首席主播。"天仙妹妹"是网络红人成功走入国际品牌商业领域的第一人。

设想一下,尔玛依娜如果没有营销包装和宣传,她能够"有价有市"吗?她的结局一定会像她那些同龄姐妹一样,在羌寨度过她作为女人的一生。

课堂讨论

从上面的案例可以看出网络营销与传统营销有什么不同?网络营销对公众的心理有些什么影响?

(二)商品魅力的形式是注意力的引力场

商品天然的魅力是它的内容,可是最能够吸引公众注意力的首先是它的形式。俗话说,"三分长相,七分打扮"。即使长相很普通的人,只要懂得穿衣打扮,会包装自己,一样能够在公众眼里超凡脱俗。真正的时尚女性都深谙穿衣打扮之道,她们明白,在美的世界里,没有最好,只有更好。

案例 营养大众、惠及三农

汇源集团在2002年推出汇源"真鲜橙"系列。先后选择主演《我的野蛮女友》的韩国当红明星全智贤和国际超模岳梅作为"真鲜橙"的形象代言人。在一夜之间改变了形象:从刻板的生产厂商向时尚的品牌转化。

经过了短暂的"热闹"以后,商品的市场效果却并不理想。经过与竞争商品详细对比研究以后,汇源发现"真鲜橙"系列与竞争品牌并没有拉开差距。"真鲜橙"的竞争优势在于商品本身的品质——汇源的低温杀菌技术,比竞争商品的高温杀菌技术对水果营养保存得更好,味道更纯正。无菌冷灌装技术采用瞬时灭菌,在常温下灌装,可以最大限度确保果汁的新鲜口感和自然品质。

在汇源后来播出的"PET冷灌装"广告中,不再选用美女,而是用一只新鲜的橙子替代一只代表"传统热灌装"的橙子。

可是这种来自商品内容方面的信息,公众是不可能通过表面形象认知的。汇源最后决定采取"体验营销"的推广方式,在全国各地各主要卖场进行题为"新鲜,真美味"的终端品尝促销活动。把汇源"真鲜橙"系列商品与竞争商品都去掉包装,让公众亲自感受两种商品在品质上的差别。通过这种互动式品尝活动,公众记住了汇源"真鲜橙"系列的产品特征,吸引了公众的注意力。汇源"真鲜橙"系列迅速为公众接受,当年销售额突破亿元。

汇源以"营养大众、惠及三农"为企业使命,每年加工水果上百万吨,累计研发生产销售了600多种健康饮品和食品,倡导并引领了健康消费的生活新时尚,带动了种植业、加工业和饮料食品业的快速发展。累计上缴税金百亿元,向社会公益事业捐献资金、物资价值5亿多元。汇源集团荣获中国驰名商标、中国名牌产品、农业产业化国家重点龙头企业、全国农产品加工业示范企业、全国轻工行业先进集体、全国就业和社会保障先进民营企业、社会责任突出贡献奖等殊荣。2012年,北京汇源饮料食品集团有限公司又荣获"中国果汁行业领军企业"的荣誉称号[①]。

观察与思考

根据以上案例请说明商品内在魅力对公众注意力的作用?

---

① "汇源果汁"获"2012年中国果汁行业领军企业"[N].甘肃经济日报,2012-11-13.

三、外界刺激与公众注意力

心理学的实验证明,人脑对外界的新异刺激,有好奇的本能。它是引发无意注意的外部根源。为了吸引公众的无意注意,完全可以通过制造或者改变外界刺激,达到引起公众好奇心的目的。

什么是外界的新异刺激?能够引发好奇心的各种外界刺激,都可称为新异刺激。新异刺激的分类见图 3-5。

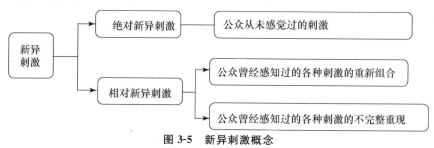

图 3-5　新异刺激概念

心理实验证明:人们对相对新异刺激的心理反应程度,要比绝对新异刺激的心理反应程度强烈和敏感,这是"趋利避害"心理本能的行为表现。公众对从来没有感知过的新异刺激,因为无法判断它们是否会产生威胁,所以很快就会采取远离行为。

公众根据以往的感知经验,知道相对新异刺激不会有什么威胁。当然会集中注意它们进行观察了。

营销活动如果充分利用这个心理学原理,就可以达到吸引公众注意力的目的。广告中经常运用的手法是各种人们熟悉事物的"变形",就如同毕加索的抽象画一样,使人又熟悉,又不熟悉,从而产生好奇心理和探究的兴趣。

无意注意只与商品刺激本身有关,与商品的内涵、社会价值、人文属性等都没有关系;与公众的价值判断和伦理态度等也没有关系。因此,公众通过无意注意获得的对商品的好恶判断,只停留在对商品的表面认识上。公众要真正认识商品是不是符合自己的需要,还必须经过实践的检验,才能形成理性判断。

这个心理学的规律,可以成为市场营销策划书的创新原则。一个好的市场营销策划书,必须要用新颖、奇特、大胆的营销活动形式吸引公众的眼球。而新颖、奇特、大胆的营销活动形式,需要独出心裁、突破常规。以公众熟知的感知信息为基本素材,创造出在形象、形式、性质或功能上违反正常感知信息的新东西。这些新东西,无论是故事、图像、文字、标志,都是相对新异刺激心理形式的产物。当公众的注意力被这些陌生、神秘、奇特、怪异、超现实的相对新异刺激吸引时,广告诉求的目的就达到了。相对新异刺激心理形式创造出来的产物,与公众感知熟悉的对象反差越大,吸引公众注意力的能力就越强。

案例　缺口的苹果

苹果是公众熟知的一种水果。在希腊神话中,苹果是智慧的象征。完整的苹果,因为公众太熟悉了,所以不可能引起过多的无意注意。可是一个有缺口的苹果就不同了,它能够激发公众的好奇心。这个苹果为什么有一个缺口？如果把有缺口的苹果作为商品或者企业的标志,就更会引起公众探究的兴趣——苹果公司的这只苹果,果然吸引了很多人的眼球,见图3-6。

苹果和历史上最著名的三个事件和人物有关：

图3-6　苹果公司的Logo

第一个是《圣经》里亚当和夏娃的故事。他们就是在伊甸园里偷吃了被称为是"智慧果"的苹果后,才变得有思想的。

第二个是大名鼎鼎的牛顿。牛顿在家乡的苹果树下,被苹果砸了脑袋,从而发现"万有引力定律"的科学佳话。

第三个是计算机之父图灵。图灵对人工智能的发展有很多贡献。他提出的图灵机模型,为现代计算机的逻辑工作方式奠定了基础。可惜他在42岁风华正茂时,咬了一口注有氰化钾的苹果而死。

据说乔布斯为了纪念图灵,画了一个被咬了一口的苹果,作为计算机公司的注册商标。苹果公司这只有缺口的苹果,引起了公众广泛的关注和议论,吸引了全世界想要购买高端计算机顾客的注意力。

四、商品价格与公众的注意力

众所周知,商品价格越便宜,就越能吸引公众的注意力。可是从营销心理的角度分析,在很多情况下,公众买的并不是便宜的商品,而是能够满足其"占便宜"心理的商品。

"占便宜"的心理,与公众的实际购买力并没有显著的相关性。因为"占便宜"是人类长期商品交换博弈过程中的心理积淀。购买力低的公众,有对符合他购买力条件的商品产生"占便宜"的心理;购买力高的公众,同样也有对符合他购买力条件的商品产生的"占便宜"心理。广东中产以上阶层的公众,之所以热衷在香港商品大减价时,成群结队地去香港肆无忌惮地扫货;北京、上海等大城市,有购买力的公众对大商场的奢侈品在什么时候搞促销活动、什么时候商品打折最多等信息了如指掌,都是"占便宜"心理的反应。

有些顾客在非货币成本允许的条件下[①],会主动收集有关商品的价格信息。他们并不在乎非货币成本的支出,只求在同类、同品质、同级别的商品中,能够买到价格最低的商品。

打折促销之所以成为商品入市、挤压竞争对手、扩大商品市场份额最常用的营销手段,就是因为它能极大地吸引公众的注意力,使公众的心理感觉占了大便宜。

实际上,根据营销学中的"顾客让渡理论",非货币成本也是成本。如果加上非货币成本,这些扫货客的商品价格并不算便宜。可是扫货既可以满足他们"占便宜"的心理,又可以使他们拥有某个商品领域里"专家型"顾客的光环,藉此向周围的人炫耀。

提高公众对品牌商品的心理预期,也可以使公众产生占便宜的心理感觉。顾客对品

---

① 非货币成本是指顾客在购买商品时,除了要支付货币以外,还有精神、体力、时间等方面的消耗,这些都是非货币成本。

牌商品的心理预期,是指公众在购物实践的基础上,对品牌商品形成的心理价格。商品品牌的形象越好,赋予品牌商品的价值就越高,公众对品牌商品心理价格的估计就越高。这就是说,公众对品牌商品已经有了高价格的心理准备。一旦品牌商品的实际销售价格低于公众的心理预期,公众就会觉得占了便宜,买到了物美价廉、优质低价的商品。因此,品牌的传播推广应该尽力提高公众的这种心理预期,使他们的心理能够赋予品牌商品更高的价值。一些奢侈品就采取高端品牌与中端副品牌同时推出市场的营销策略,因为这可以满足购买力较低顾客的"占便宜"的心理需求。

> **案例　阿玛尼的正牌与副牌**
>
> 阿玛尼是世界著名的时装品牌。1975年由时尚设计大师乔治·阿玛尼创立于米兰。阿玛尼以使用新型面料、制作精细、风格优雅迷人、性感野性、绝不媚俗而闻名。
>
> Giorgio Armani Bornnvo 是阿玛尼品牌中最贵的一个系列,品牌标志是服装布条上"黑底白字"的品牌名称。
>
> Giorgio Armani Collezioni 是阿玛尼品牌中次贵的一个系列,是高级管理人员的职场着装。布标是"白底黑字"的品牌名称。
>
> Emporio Armani 是阿玛尼品牌中较早开发的副牌。布标颜色多为"黑底白字"。标志是中间有一只老鹰。20世纪80年代,阿玛尼扩充副线品牌。例如面向年轻人的成衣品牌"爱姆普里奥·阿玛尼"、女装品牌"玛尼"、休闲装"阿玛尼牛仔系列"和轻松活泼的"阿玛尼童装"等。另外,还有"阿玛尼滑雪衣"、"阿玛尼高尔夫球装"系列等。"阿玛尼"副牌服装都以老鹰图案作为标志,老鹰图案中央有品牌名称。
>
> 青年人爱品牌商品,可是他们的购买力有限,也不喜欢穿成功人士成熟风格的服装。为了使更多的公众享受意大利一代名师的休闲生活哲学,"阿玛尼"针对年轻、时尚的"潮客",设计了前卫、大胆的服装。例如以"暗夜的性感"为主题,以黑色为主打颜色,采用牛仔、针织等面料,营造年轻人独具活力的诱惑风格。在性感诱惑的同时,延续了阿玛尼品牌的传统理念。
>
> 无论是正牌还是副牌,无不讲求精致的质感与简单的线条。艺术创意与商业运作相结合的"随意、优雅",是阿玛尼品牌不能被人仿冒的核心竞争力。为了吸引更多公众的注意力,阿玛尼副牌的价格虽然比正牌低很多,但同样能够满足消费者在品牌上的虚荣心,在价格和品牌之间找到了平衡点。

第三节　艺术与营销注意力

一、艺术的目的就是吸引注意力

美国经济学家哥德哈伯指出:"如果你用美元数量测量一个艺术家的生产力,你会发现,最引人注意的艺术家最赚钱。"他认为:"艺术的目的就是吸引注意力。成功地吸引注意力是艺术存在的全部意义。艺术主要是诉诸情感的,一旦注意力被吸引,理智就会不知不觉退隐到背后。"①

这就是说,影响艺术品价格的决定性因素,实际上并不完全是艺术品本身所具有的艺术价值以及艺术品的存世数量(物以稀为贵),而是艺术品能吸引多少公众的注意力。

在当代,各种实用艺术与审美艺术的创新动力,就是吸引公众的注意力。因此,对艺术吸引力进行研究,是艺术审美心理与营销心理共同的课题。

艺术在注意力经济中的价值,主要取决于公众在艺术作品的刺激下,能否引起主动的无意注意,并且在无意注意的基础上,进一步产生兴趣和其他的心理反应。

二、营销艺术

既然艺术与公众的注意力有如此密切的关系,那么在市场营销活动中能不能充分利用艺术形式来吸引公众的注意力呢?

我们常说"营销是一门艺术",这是从营销的内涵(内容)层面来说的。因为市场营销绝对需要营销人员根据市场的具体情况,发挥其创造性,采取不同的市场营销战略、策略与战术。

如果从吸引公众注意力的角度来说"营销艺术"②,那就是要求各种营销活动,在形式上应该具有令人赏心悦目的艺术特点。只有这样,公众才乐于参与营销活动,才能使营销活动最大限度地吸引公众的眼球。

一些高档商品的专卖店,无论从环境布置,还是现场气氛,都很有艺术性;一些购物中心的店堂布置、商品陈列,也都很有艺术品位;各种高档商品的"沙龙"③就像是艺术的盛会;五星级的宾馆、高端的私人会所、商务会所,本身就是艺术的宫殿;很多企业的形象设计、员工的服装打扮、举止行为,也都逐渐在向艺术化的方向靠拢。

企业之所以不惜成本使营销活动艺术化,其根本目的还是为了吸引公众的注意力。

三、艺术化的广告

在所有的营销活动中,最能体现营销艺术宗旨的,莫过于广告。一则艺术化的广告和一则平庸的广告,在吸引公众注意力的能力方面,粗俗高下立见分晓。

---

① 〔英〕古德温.国际艺术品市场(上)[M].敬中一、赖靖博、裴志杰译.北京:中国铁道出版社,2010.
② "营销艺术"与"艺术营销"显然不是同一概念。"营销艺术"既可以指营销这个行业具有艺术的特质,也可以指营销活动应该利用艺术的形式来吸引公众的眼球;"艺术营销"是指"艺术品的营销",艺术品作为一种商品,当然也有营销的问题。
③ "沙龙"本是意大利语,原意为大客厅。17世纪传入法国,原指在法国上层人物豪华客厅举行的小型聚会。聚会者一边呷着饮料,欣赏典雅的音乐,一边就共同感兴趣的各种问题促膝长谈,无拘无束,是上流社会著名的社交场所。沙龙也曾经做过卢浮宫画廊的专用名称。在艺术界演变为欣赏美术作品的同时,谈论艺术、玩纸牌和聊天的场合。改革开放传入我国以后,被商界利用作为接待高端顾客的小型聚会和提供高端服务的营业场所。例如美发沙龙是以美发为主题的聚会形式和高档营业场所;化妆品沙龙是以美容化妆品为主题的聚会形式和高档营业场所等。

观察与思考

请同学们比较图 3-7、图 3-8 两幅唇膏的广告,哪幅广告更能引起你的注意?测定你在观察这两幅广告时眼球停留的时间。这个时间就是广告吸引你注意力的量化标准。

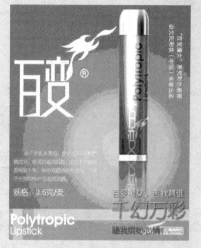

图 3-7　国际明星丽芙·泰勒代言的 GIVENCHY 唇膏广告　　图 3-8　百变唇膏广告

分析:GIVENCHY 唇膏广告中,本来就很漂亮的国际明星丽芙·泰勒,由于涂了极为艳丽的 GIVENCHY 唇膏,双手戴着与这种唇膏同色系的长手套依附在脸上,与口唇的红艳连成一片,将她的脸衬照得更加艳丽,成为吸引公众注意力的磁场。公众看到这则广告,能够产生心理上的快感。

另外一幅广告,只是把商品简单地显示出来,毫无艺术性可言。

第四节　名人与营销注意力

一、"名声""名望""名人"与知名度

(一) 名声

名声是指拥有较高社会知名度的人。名声有好名声(流芳百世)与坏名声(遗臭万年)的区别。

(二) 名望

名望不但拥有较高的社会知名度,而且有较高的社会美誉度,表示公众对某个人的赞赏、崇敬,能够经得起历史的考验。

(三) 名人

名人是由媒体"制造"出来的。某些在媒体上反复出现的人,公众在无意间就记住了他

们。社会各个职业领域都可以产生名人,从而在不同的社会领域中具有吸引公众注意力的功能,发挥其独特的影响力和商业价值。

(四) 知名度

知名度是"名声"、"名望"、"名人"的衡量标准。知名度的分类,见图3-9。

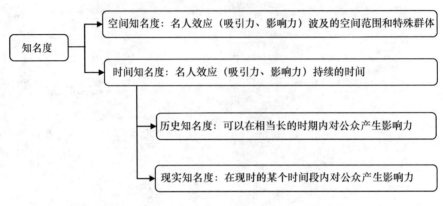

图3-9 知名度的分类

历史名人故居、旧居、工作场所、手迹、作品等,是不可再生的永久性旅游资源。

具有与公众大范围接触职业特点的专业人士,例如演员、艺术家、运动员、电视节目主持人等,知名度显然比一般的公众高。

"名声"、"名望"与"名人"虽然都有吸引公众注意力的功能,但是有名声和有名望的人,较少被用于商业营销活动(一旦被巧妙地引入商业领域,其"价值"无法估量);名人则被广泛地运用于各种商业交易活动中,是营销强有力的手段和工具。

二、名人在营销中的作用

只要社会有什么样的需要,市场营销就可以开发出什么样的名人。从这种意义上可以说,名人完全是由市场需要和市场营销的策划决定的。

在市场营销中,名人有多方面的商业作用。

1. 名人是注意力的银行

如果说注意力是一种特殊的货币,那么大大小小的名人,就是储存这些货币的银行。名人既可以吸引公众的注意力(借方),又可以把公众的注意力投向其他领域(贷方)。

2. 名人是注意力的中介

在商业活动中,名人并不是商业活动的终极目的,而只是商业活动的中介。把吸引过来的公众的注意力再次引向某个特定的商业对象,例如商业广告、商品、公共关系或者其他商业活动。因此,名人是市场经济中沟通买卖双方的桥梁,是不现身的交易撮合者。

3. 名人可以成为商品的组成部分

有些商品,如果没有名人,就没有市场。例如名演员在影视作品中的作用,著名运动员在体育比赛中的作用,书法家的墨宝,工艺大师的作品等。在这些商品交易中,名人就是商品不可分割的一个部分。没有名人,就没有完整意义的商品,商品的功能和价值就会缩水甚至丧失。

4. 名人可以增加商品的附加值

名人用过的东西,称为文物,要比一般的商品价值大得多;经过名人题款、作序的作品,市场价值就大;名人书写的招牌匾额,可以极大地提高商品品牌的价值等。

三、名人为什么有市场价值

(一) 注意力是最稀缺的资源

作为稀缺资源的公众注意力,当然是商人孜孜以求的。根据市场经济的价值规律,当某种资源的市场供应量小于市场需求量时,该资源的市场价格必然会上升。名人既然是拥有公众注意力这种特殊的商品,他们具有市场价值,也符合市场经济的逻辑。

(二) 名人是赚钱的工具

广告业欢迎名人,是因为名人是广告业不可缺少的工具,可以给企业带来滚滚的财源;商业企业和生产企业欢迎名人,是因为名人广告可以吸引公众的注意力,促进商品销售。正因为名人适应市场的需要,才使名人具有了市场价值。企业借名人拓展业务,名人傍企业广告名利双收。

(三) 公众欢迎名人

公众欢迎名人,是因为名人广告不但可以为他们节约交易成本(时间和精力),而且可以通过欣赏名人广告,获得某种心理上的满足。例如穿了名人代言的衣服,似乎就沾上了"星气",就有了某种名人的"感觉"。

名人并不生活在公众现实生活的环境里。可是名人的消费行为,却常常成为公众效仿的对象;名人的生活方式,也是公众梦寐以求的生活方式。这些被公众仰慕的名人,成为公众的心理"渴望"。名人的一切,包括生活方式、喜怒好恶、言行举止,都会在公众心理上形成"光环效应",直接、间接地影响公众的日常生活;名人推荐的商品被某些公众认为是最有"公信力"的商品。这些都是名人为何具有市场价值的原因。

四、名人"光环效应"的风险

当公众被名人的"光环"笼罩时,他们的心理是不设防的。被"光环效应"吸引的顾客,常常会做出不正确的购物决策。名人的"光环效应"虽然从理论上或者经验上有利于商品的销售,但这也仅仅只是一种事前的估计。名人是否有助于提高商品的销售额,最终还是市场说了算。这些都是名人"光环效应"的风险。

具体来说,名人"光环效应"的风险表现在以下几个方面:

(一) 吸引公众注意力的风险

通过名人"光环效应"吸引公众的注意力,只是商品销售的第一步。对于绝大多数的商品来说,虽然吸引公众的注意力是非常重要的第一步,但毕竟只是为销售商品提供了可能性,而不是商品销售的现实性。从公众关注商品,到公众决定购买商品,中间还有很长的一段营销之路。

名人在公众心理上的定位,如果和商品在公众心理上的定位不一致时,也有可能使名人效应无法发挥作用,甚至起反作用。因此,选择什么样的名人做商品的形象代言人,是颇为踌躇的事情。名人广告对公众购物决策的影响,实际上就是名人形象的迁移过程。因此,名人形象与商品的形象是否一致,就成为制约"名人效应"的重要因素。例如体育明星给公众奋斗、奋进、健康、阳光、为国争光等概念或形象,就比较适宜做体育产品、烈酒、阳刚类商品的广告。根据演艺界明星饰演角色性格、气质的不同,他们在公众心理上产生的感觉也是不同的,例如蒋雯丽在公众心目中一直是贤妻良母型的形象,可以选择定位相近的商品请她代言,例如儿童食品、儿童饮料、儿童服装、儿童药品一类的商品,就比较合适。

(二)名人的商业风险

1. 高估名人商业价值的风险

对企业来说,名人代言广告的费用不菲。大量广告费用的投入,必然要通过提高商品销售价格的方式回笼。当企业过高估计某个名人的商业价值,而商品销售额却很不理想时,企业的广告成本就有可能血本无归。

2. 名人知名度无形损耗的商业风险

"江山代有才人出",市场经济就是一个大浪淘沙的过程。旧的名人不断衰落,新的名人不断涌现。市场虽然需要名人,但是绝对不缺乏名人。市场"消费"名人这种特殊商品的过程,显然也必须符合商品生命周期的规律。名人必然会经历培养、引导、消费、衰落这四个产品生命时期。见图3-10。

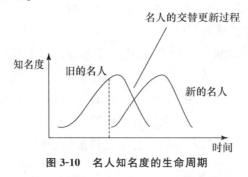

图3-10 名人知名度的生命周期

案例　模范夫妻不模范

英达、宋丹丹在公众心目中,曾经是一对模范夫妻。为此,绿得集团请他们一家3口拍摄家庭和睦、夫妻恩爱的广告片,想借势为八宝粥商品打开市场。可是广告刚拍完,英达和宋丹丹就高调离婚。绿得集团出于成本的考虑,当然舍不得换广告。于是,在媒体上便出现了两个截然相反的家庭:一个是其乐融融、幸福和谐的广告家庭;另一个是连篇累牍相互指责的婚变家庭。名人的现实和名人的广告形成了极大的反差。

看了名人的这些信息,公众心理有什么反应?现实颠覆了广告的形象,公众还能信这个广告吗?相反地,公众必然会产生一种受愚弄、被欺骗的心理感觉。在这种心理感觉的支配下,公众还能买这样的八宝粥吗?

这样的广告,只会给企业的商品品牌带来负面影响。

3. 欺骗公众的风险

名人做假广告的事件也屡有发生。现在也缺乏相关的法律法规来保障消费者因为轻信了名人广告而受到的损失。

案例 假药广告遍地，假药横行

国家禁止名人做医药类广告后，商家为了牟利，采取了新的假药广告。

2013年央视"3·15晚会"曝光了"高老太降糖贴"等一批虚假药品广告。广告中的"神医"是由广告公司聘请的演员扮演的。

有自称是御医世家高氏家族第五代传人的"高老太"、自称是慕容家族第八代传人的慕容康、自称清朝御医平秋鹤第十三代传人的"平老太"等。很多医药广告里吹嘘代言人是御医后代、世家传人，或者是某个领域的专家、教授，甚至是诺贝尔奖的获得者，其目的就是为了增加信息源的权威性，使公众爽快掏钱购物。

央视记者花990元买了一个疗程10盒的"高老太降糖贴"，实际上每盒成本不到3元钱。其适用范围是"非胰岛素依赖型血糖偏高和血糖异常等人群的辅助治疗"，并非广告中说的彻底"根治"糖尿病，批准文号还是医疗器械。其秘方是膏药里加西药，甚至加辣椒油，让患者感觉发热。"高老太"的概念被包装后，成功变身为流传百年的"神药"。

各类夸大疗效、模糊治疗范围、假冒医药商品的广告层出不穷。药监部门对违法虚假广告的监测数据统计显示，2012年通报并查处的违法药品广告近18万例，是2011年的2.2倍；违法医疗器械广告15万例，是2011年的1.32倍；违法保健食品广告近5万例，是2011年的1.81倍。虚假药品广告每年至少导致250万人吃错药。公众不但白花了钱，贻误了治疗时机，甚至会危及生命安全。

这些虚假药品广告针对的是需要长期治疗的常见病、慢性病和疑难杂症患者。最常见的虚假药品广告涉及的疾病类别依次是：男科疾病、心脑血管病、糖尿病、皮肤病、骨科疾病、痰咳喘、前列腺疾病、失眠、风湿、肿瘤。此外，不孕不育、妇科病广告也是虚假广告的"高发区"。

令人担忧的是，全国有80%的公众根本不知道如何识别违法药品广告。

一般来说，虚假广告有以下几种典型骗术：

第一，夸大疗效。使用"包治百病"、"世界最先进"、"首个"、"权威认证"、"无效退款"、"一针见效"、"30天搞定"等绝对化、夸张性的语言夸大药品疗效和使用范围。

第二，专业人士"被代言"和用"托"。广告语中充斥了"大师"、"老中医"、"老军医"、"祖传"等词汇；随意编造疗效证人；绝大多数医生、专家、教授是"被代言"；假借某科研机构或科研单位的名义；利用药品获奖信息等来骗取消费者的信任。

第三，保健品变成药品。本来是"消"字号、"健"字号的保健食品，在广告中却冒充药品，声称可以治疗疾病。

第四，凭空编造"高科技"。在广告里凭空编造该药物含有某种高科技成分，声称有神秘的特效成分；实行"基因治疗"、"纳米技术"、"四位一体疗法"等。

4. 剧场效应风险

在剧场里,观众如果认同演员的表演,那就会通过热烈鼓掌、叫好等行为表现出来;如果不认同演员的表演,那就会通过叫倒好、嘘声、赶演员下台、扔东西等行为表现出来。这就是剧场效应。在利用名人的"光环效应"时,也存在着这样的剧场风险。

> **案例　明星在为谁代言?**
>
> 著名影星范冰冰是日本松下公司数码相机的形象代言人,可是她日常使用的数码相机却是索尼公司的商品。
>
> 当范冰冰手持索尼相机的镜头被"狗仔队"拍到,并与她拍的广告同时公之于众时,公众会怎么想?
>
> "连企业的形象代言人都不用该企业的数码相机,肯定说明索尼公司的数码相机比松下公司数码相机的性价比更好。"
>
> 陷入这样被动的广告风波,也许是松下公司始料未及的。

(三) 注意力转移错位风险

1. 注意力转移错位

企业只是利用"名人效应"使公众的注意力通过名人引向商品,可是在很多情况下,公众的注意力被名人吸引后,并没有再转移到商品上。当名人的吸引力远大于商品吸引力时,很多人的注意力只在名人身上,根本无视相应的商品广告。这就导致公众对商品本身价值的忽视。名人的知名度越高,这种注意力转移错位的风险就越大。

为了克服公众注意力转移错位的心理现象,企业在广告营销时应该注意以下两方面的问题:

第一,最好找没有代言过其他品牌的名人。这样的名人既符合公众"喜新厌旧"的心理,又不至于引起名人代言不同商品的混淆。这样,名人与广告信息就可以产生唯一性的联系。

第二,节约出场费。初次代言广告的名人,他们在吸引公众注意力方面,也许没有当红明星那么强势,可是知名度较低的新人,广告出场费也低。这就可以减少名人广告的商业风险。

> **案例　巩俐与"野力千红葡萄酒"**
>
> 名人广告如果没有强有力的广告诉求点作为商品的心理支撑,完全有可能使公众的注意力迷失在名人的形象之中。
>
> 巩俐为"野力千红葡萄酒"做的广告,导演是张艺谋。名导演、名演员的出现,确实吸引了公众的注意力。可是绝大多数公众注意的是巩俐的风采,而不是葡萄酒的广告内容。

2. 睡眠者效应

美国心理学家霍夫兰发现下列的心理现象:想利用说服的方式改变公众对某个事物的态度、观念等心理倾向时,说服的效果会随着时间的推移不断提高,称为"睡眠者效应"。

在名人广告中,名人的形象、声音及商品的图像、文字、广告语等,都是用来说服公众改变购物心理倾向的信息源。如果公众认为信息源的信息可靠(包括名人的品格、态度、为人、诚实、客观、公正,企业的诚信、品牌、专业等),信息源具有专业性、权威性(例如央视及全国性的报刊),那么公众就会认为名人广告信息内容的可信度就比较高,说服公众购物的效果就比较理想。这种名人代言的信息源称为高可信度名人信息源。反之,如果公众对名人的声誉有疑问,或者名人有很多负面的影响,那么他们对名人代言的信息源就不会信任,名人就很难说服公众改变他们的购物心理倾向。这种名人代言的信息源被称为低可信度名人信息源。

艾宾豪斯遗忘曲线的心理规律指出:人脑对信息的记忆量会随时间的推移而逐渐减少。最先遗忘的是一些次要的信息。在名人广告中,名人信息与广告内容之间的联系,就属于最先遗忘的次要信息。这就是说,随着时间的推移,公众对名人的记忆会逐渐淡忘,对广告商品的内容反而会记得比较清楚。

除了少数公众因为迷恋某个名人,个人的心理倾向完全被该名人控制外,一般来说,公众对名人信息源的心理定位还是比较准确的。绝大多数公众把名人信息源看作是低可信度名人信息源。

营销心理的实践表明,低可信度名人信息源发出的信息,由于信息源的可信性不高,商品内容本身的说服力不能马上得到发挥,处于"睡眠"(或者休眠)状态。随着时间的推移,例如4周之后,广告内容和名人信息源逐渐分离,广告内容的说服效果才逐渐表现出来。

根据"睡眠者效应"的心理原理,商家应该尽量选用有良好社会形象的名人做广告,争取公众的信任,提高广告效果。一些不良商家也利用"睡眠者效应",包装各式各样的"假名人",造成高信度名人信息源的假象来蒙蔽公众。

(四)名人的负面效应

"金无足赤,人无完人",名人也是一样。可是公众在"光环效应"的心理影响下,认为名人必须是完人;公众会从各自的价值观出发,对名人做的所有事情品头论足,做出价值判断。这对名人来说,也是极大的社会心理压力。

其实名人也是普通人。他们只不过在某个方面比一般公众有更好的表现,但超出了他们的专业领域,名人与公众一般无二。

名人也有犯错误的时候,名人也有自己的隐私,名人也会触犯法律。在公众看来,名人吸毒、性绯闻、打架斗殴、偷税、"艳照门"、虚假代言,都是不合身份的。这些丑闻就是名人的负面信息。

当公众得知名人的负面信息之后,他们的心理反应是厌恶、鄙视、抛弃,拒绝购买他们代言的商品。

企业从自身利益出发,也会采取相应的行为:

第一,中断与该名人的合作关系。这样,过去支付的费用就成了"沉没成本"①。

第二,力挺支持。有些名人丑闻,不但不会对商品销售产生影响,甚至会有更多的人气。"走光"、"暧昧"、"桃色事件"、"裸体写真"等,这些似真非真、似假非假的信息,或者是名人的自我炒作,或者是媒体蒙人的招数。这些看起来很简单、很低级的做法,在吸引公众注意力方面,却屡试不爽。

第三,保持缄默。当企业对事态的发展趋势还不清楚时,就会按兵不动,静观其变。

第四,区别对待。名人也是生活在一定的社会环境中。他们有朋友,也有敌人。有些名人丑闻,也许是那些对名人抱有"羡慕嫉妒恨"心态的人所炮制、传播,其目的就是为了"搞臭"该名人;有些名人丑闻,也许是商业竞争对手之所为,目的还是为了商业利益。

(五) 名人的悲催

名人虽然有令人羡慕的收入和生活环境,但是他们也失去了一般人所享有的自由。名人无隐私可言。名人穿什么鞋,换什么样的衣服,有没有和其他名人"撞衫",和什么人到什么地方吃饭,名人的豪宅、家庭、子女、收入、言论等,都是媒体的"新闻";名人的婚变、交友、恋爱、结婚、怀孕、生孩子、同性恋、自杀、官司、判刑等,都能引起公众的关注。

公众的注意力既可以在一夜之间把丑小鸭捧上天,也可以让任何一个名人名誉扫地,从云端跌落到地面,成为被市场抛弃的人。这就是"成也萧何,败也萧何"的社会现实。为此,名人的一言一行都必须十分谨慎,时时、处处都要提防。一不留神,就有可能在公众面前自毁形象。社会舆论立马就可以成为"杀人不见血"的软刀子。

(六) 名人广告公信力的变化

根据网上搜索的材料,可以编制出关于名人广告公信力变化的数据表,见表 3-1。

表 3-1 名人广告公信力的变化表

发表年份	完全相信	比较相信	一般	不太相信	不相信	备注
2002	14.4%	50.8%		20.3%	13.4%	①
2006	7.6%	10.1%	14.7%	21.2%	46.4%	②

备注:① 中国消费者协会和搜狐财经频道于 2006 年 6 月 21 日到 8 月 18 日,共同举办了"广告公信度"网上问卷调查活动",并发布了"广告公信度调查报告"。
② 华中科技大学舒永平教授主持的课题"广告社会效果与公信力状况的调查"。

从表 3-1 可以看出,在一个不成熟的市场,公众的自信心明显不足。在购买行为上普遍存在依赖名人效应的心理。名人作为公众在消费领域的"精神领袖"和"时尚的引领者",始终得到公众的关注。

随着名人广告的泛滥和虚假广告被揭露,公众逐渐发现,他们在很大程度上被名人忽悠了,名人广告越来越受到公众的质疑,对商业广告不信任的比例超过 2/3。

由此可知,名人广告是一把双刃剑。运用得好,可以成功地吸引公众的注意力,增加商品销售;用得不好,则是自毁商品品牌,赔了夫人又折兵。

---

① 沉没成本:过去投入的成本,不可能通过任何形式获得经济收益或者其他回报。

第四章 营销活动与人的联想和想象过程

联想是人脑因某一事物或者概念的触发,想起与之有关的其他事物或者其他概念的心理活动。世界上任何事物之间都是相互联系的。因此,联想是对各种事物之间联系和关系的心理反应。

第一节 营销活动与人的联想过程

一、公众对色彩的认识

(一) 色彩是最大众化的感性认识手段

人对色彩的感觉最直接,它不像文字那样还必须通过理解、思考的过程。即使是文盲,只要掌握色彩的联想规律,就可以大致理解色彩中蕴含的基本意义。因此,色彩是最大众化的感性认识手段。在营销活动中大量利用色彩联想的作用,可以突破公众理解的障碍,拥有大量的目标群体。

色彩本身虽然没有什么特殊的意义,但是它可以引起公众感觉上的"温度"变化。当然,这种"温度"变化,并不是物体温度真正的变化,也不是公众触觉所感受到的物体冷暖感觉。色彩之所以能够引起公众感觉上的"温度"变化,是因为人们通过视觉感知色彩后,对色彩产生了具有一定心理倾向性的联想。

商品世界之所以能给人琳琅满目的心理感觉,就是因为现实世界是一个色彩的世界。色彩使人类的生活富于情趣,充满欢乐。很多喜欢逛商店人,主要目的并不在于购物,而是为了感受有着五颜六色、绚丽斑斓色彩的商品世界。

(二) 色彩对市场营销的贡献

色彩对市场营销最大的贡献,就是从心理学的角度,为色彩确定了基本的内涵,并且研究了这种基本内涵与人的联想过程的相应性,从而提高交易效率。

在商品同质化日益加剧的今天,在商品个性化需求主导市场营销的时代,在人们生活节奏日益加快的情况下,企业和公众都迫切需要有一个既简单、快捷,又能准确识别个性化商品的符号系统。这样,公众就可以最大限度地节约精力、体力和智力成本,企业也可以在最短的时间内,把最符合市场需要的商品及时地让顾客选择。

因为色彩对人的视觉器官具有高刺激性的特点,所以顾客在交易选择的过程中,更喜欢选择色彩作为个性化商品的符号。

在服装行业,公众对款式、质地和色彩三个感觉要素最关注,然后才会关心价格。在"混搭"①大行其道的今天,人们对款式和质地的注意力也开始逐渐减弱,可是对色彩的注意力则不断加强。

一般,色彩在工业商品领域,远不如在生活商品领域那么重要。可能是出于安全的考虑,机器的颜色比较明亮、沉稳。可是只要涉及与公众的生活相关的商品,色彩就大有用武之地。颜色艳丽、明亮的食品、菜肴,让人感觉很有食欲;合适的家具配色,让人觉得牢固、结实;墙壁涂料的颜色,可以"改变"人的心情;漂亮的衣服,可以凸显人的个性气质和精神面貌。

在市场上,有很多商品会对公众的视觉产生干扰,可是那些有着惊艳色彩的商品,可以在瞬间吸引公众的注意力;公众熟悉的那些商品,只要识别出商品的特征色,就可以在1秒钟内作出购买的决策。

国际流行色协会的调查数据显示,在成本不变的情况下,受公众欢迎的色彩设计,可以给商品带来10%~25%的附加值②。

色彩具有的视觉美感,是商品艺术性不可缺少的组成部分。从艺术论的角度来说,色彩可以塑造出人物的"性格",也可以显示事物的特点。因为色彩可以突破语言的藩篱,这就为色彩成为世界性的商业符号创造了条件。

(三)"七秒定律"与色彩

美国营销界总结出了顾客购物的"7秒定律",这是从交易实践中抽象出来的经验定律③。

公众会在接触商品的7秒钟内,决定是否有购买的意愿。这是营销人员劝说公众对商品产生兴趣的黄金时刻。短短的7秒钟,公众显然不可能仔细阅读商品说明书,基本上也不可能完成对商品广告的浏览。他们只能通过对商品色彩的理解,来判断该商品是否符合自己的需要。或者说,只有色彩,才是商品真正给公众留下的"第一印象"。在7秒钟内可以使公众产生好印象的商品,才有可能使公众的注意力继续停留在商品上。他们也才有兴趣进一步了解商品的功能、质量、价格等信息。

据心理实验的测定,在这短短的7秒钟内,由于色彩因素的影响,继续"hold 住"公众注意力的占67%。据专家调研发现,企业如果能够成功运用色彩作为营销战术或者营销工具,可为品牌及品牌传播增加40%的公众;仅仅依靠商品的色彩系统,公众对商品的认知理解力就可以达到75%。因此,色彩已经成为市场营销的有力手段和影响顾客购买决策的重要因素。

---

① "混搭"是时尚界的专用名词。是指把不同风格、不同材质、不同品位的东西,按照个人的喜欢和感觉,混合、搭配出独一无二、完全个性化风格的组合。"混搭"的基本原则是颠覆以往的消费习惯,却又不会让人觉得很混乱。"混搭"并不是简单地把各种不同的元素放在一起,而是使它们能和谐地组合在一起。
② 王宇. 泉州纺织企业引入色彩管理,提高产品附加值[N]. 泉州晚报,2012-05-03.
③ 王宇. 泉州纺织企业引入色彩管理,提高产品附加值[N]. 泉州晚报,2012-05-03.

二、色彩营销

(一)色彩营销的兴起

正因为人们发现色彩在吸引公众注意力和促进销售方面有着越来越重要的作用,所以在20世纪80年代,掀起了一股"色彩营销"的热潮[1]。在一些营销"美"的商品行业,色彩对商品营销有着特殊的敏感性。因此,"色彩营销"首先从服装行业发端。后来,色彩营销在美容、美发、化妆品、服饰、出版、影视等行业的影响和作用也日益显现。

(二)色彩营销的心理学基础

人的视觉器官构造的特点,使人对色彩的感觉具有平衡性的特点。这就是说,只有当人的视感觉器官感受到互补色时,人对色彩的感觉才是平衡的。因此,"视觉环境互补色"原理是人对色彩感觉的心理依据。不但人们对环境色彩的选择要以互补色为根据,而且人的注意力的有效分配,也服从"视觉环境互补色"原理[2]。

无论是舞台环境色彩对人物的烘托和对剧情气氛的渲染,还是商品广告及商品陈列,只要能够巧妙地运用"视觉环境互补色"原理,就可以提高演艺和商品的艺术感染力,吸引公众的注意力[3]。

现在"色彩营销"已经广泛运用到商品橱窗设计、商品陈列设计、产品及包装设计、企业品牌形象、广告宣传、城市色彩规划等方面。

早在1999年,苹果公司就推出了一款彩色外壳的电脑,配合独特色彩的鼠标,半透明的材质,使得该款电脑一上市就大获成功。联想几乎与苹果同期推出"天禧"系列台式彩色电脑。如今联想成立了色彩研究所,专门研究色彩对公众注意力的影响,以及在提高营销业绩方面的作用。

(三)色彩与品牌个性

色彩除了本身具有的特殊符号意义以外,还可以和图案、文字进行组合,构成更丰富的色彩系统,强化对商品个性的表达,发挥色彩系统在沟通、记忆、联想等方面独特的心理作用。色彩可以成为品牌个性的象征和公众对商品品牌产生联想的基础或者出发点。

要把一种颜色单独注册为商标,即使在知识产权保护较为完善的美国,也颇有争议。美国最高法院认为,当一种单独的颜色不具有任何实用功能时,不可以把这种颜色单独注册为商标。1990年,美国纽特拉斯威特公司想为它的甜味剂包装注册蓝色商标,遭到联邦

---

[1] 20世纪80年代,美国CMB公司在企业营销的实践中,提炼和总结出色彩营销理论。根据消费者心理对色彩的需求,运用色彩营销组合来促进产品销售。最初应用于服装企业。按不同的季节,把上百种颜色分为四大色彩系列。各系列内的色彩,可以形成和谐的色彩搭配群。消费者可以根据自己的肤色、发色等自然生理特征,以及个人的身材、容貌、性格、职业等外表特征,从中选择最合适的色彩系列,从而最大限度地体现人体的美。

[2] 约翰内斯·伊顿.色彩艺术[M].世界图书出版公司,1999.

[3] 伊顿在《色彩艺术》中指出:"连续对比与同时对比说明了人类的眼睛只有在互补关系建立时,才会满足或处于平衡。""视觉残像的现象和同时性的效果,两者都表明了一个值得注意的生理上的事实,即视力需要有相应的补色来对任何特定的色彩进行平衡,如果这种补色没有出现,视力还会自动地产生这种补色。""互补色的规则是色彩和谐布局的基础,因为遵守这种规则便会在视觉中建立精确的平衡。"伊顿提出的"补色平衡理论"揭示了一条色彩构成的基本规律,对色彩艺术实践具有十分重要的指导意义。

法院的拒绝。可是当单独的颜色具有商标含意时,也就是说,公众如果能够通过这种单独的颜色,自然而然地把它与某商品联系起来时,那么它就可以注册为商标。根据这一规定,奎里特克斯公司为其制造的干洗机注册"单独的绿色"为其商标,欧文斯-科宁公司把"粉红色"注册为公司建筑绝缘材料的商标,都得到了法院的认定通过。

《中华人民共和国商标法》规定,颜色不能单独作为商标注册。

> **案例 恒源祥的彩羊品牌**
>
> 国内著名的纺织企业恒源祥集团,开发出以色彩为主要标志的彩羊品牌。共有六个品牌色系:玉脂白、水墨黑、中国红、中国黄、国槐绿以及彩羊粉[①]。
>
> 为了给公众留下一定的想象空间,企业没有赋予"彩羊粉"个性色彩特定的内涵。恒源祥集团对"彩羊粉"进行了一系列的市场开拓和商品开发,试图将品牌的色彩记忆镌刻在公众的头脑中。2006年"彩羊粉"开始了色彩方面的探索。运用红、金、紫等色彩营造氛围,取得了意想不到的销售佳绩。商品销售也从色彩营销实施前的1.16亿元,增长到7.52亿元。

三、色彩的联想

(一)红色的联想

红色,可以使人联想到感情洋溢、热力四射、热情奔放;联想到如火如荼、蒸蒸日上、蓬勃向上。

在中国的传统文化中,红色可以使人联想到革命、烈士的鲜血、无产阶级红色江山等。

那么,红色与市场营销究竟有什么关系呢?

> **案例 红色的可口可乐**
>
> 相信大家都喝过可口可乐,也许已经注意到可口可乐所有营销活动的基本色彩都是红的。那么可口可乐公司的市场营销活动为什么非要用红色呢?因为红色创造了可乐文化。
>
> 可口可乐诞生于1886年。可乐本身的颜色是咖啡色,包装的基本色是红色,Coca-Cola的白色字体在红色背景的衬托下,给公众以连贯、流畅、飘逸和跳跃的感觉。红白相间,用色传统,既古朴典雅,又不失活力。

---

① "彩羊"是恒源祥集团旗下一个跟恒源祥品牌平行的品牌。彩羊品牌的诞生,源于2002年9月恒源祥发起的"羊年吉祥物征集令"。当年,在3000多份应征稿中,陕西凤翔民间艺术大师胡新民的"泥塑彩羊",凭借线条流畅、憨态可掬、色彩斑斓,极具中国特色又富有时尚个性,最终摘得桂冠,成为恒源祥集团旗下品牌Fazeya("发财羊")。2007年正式更名为"彩羊"。随后又成为我国第一个登上邮票的商业品牌。

二战时期,社会经济不景气,可口可乐也面临倒闭的命运。当时可口可乐的掌门人伍德鲁夫,在翻阅一本心理学杂志的时候,看到了红色的心理学含义:意味着热烈、刺激、喜悦、活力、积极、气势,也意味着政治和革命。他当时突发奇想,认为红色的视感觉,可以给前线的将士心理上的振奋感和可信赖感,从而激发士气和战斗力。于是,可口可乐公司极力向美国国防部游说可口可乐"红色"主调的设计,可以"调剂将士们紧张的战斗生活,其心理作用不亚于枪弹"。结果取得美军专用饮料的"资格证书"。二战时期,可口可乐在军中的销售量高达100亿罐。

可口可乐公司曾策划过一个"可口可乐'红色'真好玩"的主题促销活动。在活动期间,顾客只要购买"可口可乐"公司促销包装的系列产品,就会发现在易拉罐拉环和塑料瓶瓶盖的里面,印有红色的可口可乐、红太阳、红玫瑰、红苹果、红嘴唇、红心等12种图案,这些红色图案很容易使人产生自然的联想。红色的可口可乐图案与任何图案组合,就可以中奖,获得背包、手表、滚轴溜冰鞋、罐形收音机等5款不同的奖品。这次营销活动更强化了红色可口可乐图案在公众心目中的定位。

促销活动在市场上掀起了一股强烈的红色风暴——红色的视觉,红色的语言。

"时款手表系列,24小时红遍天"

"潮流火红背包,争奇斗艳满街红"

"'霹雳跑家'滚轴溜冰鞋,街头红星就是你"

"可口可乐罐形收音机,POP CHART 歌曲红星唱"

可口可乐花了那么多的营销成本宣传红色,到底是为了什么?

答案很简单,因为红色是可口可乐品牌产权的标志色。

品牌产权除了给顾客带来形象、身份等心理价值外,也给企业主、渠道中间商带来商誉、利润与营销投资效应、货架权、周转力;给股东带来股值、信心等。

由上述案例可见,可口可乐的红色并不是老板突然的心血来潮。通过红色,隐藏的是可口可乐强化品牌产权的心理动机。红色圆形标志,是可口可乐注册商标的标准色,是可口可乐的专有资产。铺天盖地的"红色"促销,可以让公众反复感知红色;通过奖品的诱惑,让公众记住红色、爱上红色;让消费者在寻找红色可口可乐图案的过程中,把可口可乐的品牌形象深刻地烙在头脑中,促使消费者对红色的联想。以后不论在什么时候,在什么地方,只要看到红色,就可以联想起红色的可口可乐,从而保持对红色可口可乐品牌的忠诚!红色使可口可乐的品牌价值高达800多亿美元,不但一直是饮料行业的第一品牌,而且荣膺全球品牌价值之榜首。

(二)蓝色的联想

比可口可乐晚12年成立的百事可乐,一直是可口可乐最有力的市场竞争者。百事可乐的营销战略,就是与可口可乐"对着干"。

既然红色是可口可乐的基本色,那么百事可乐就选择蓝色作为自己品牌的基本色。

红色是最热烈的色彩,而蓝色却是最冷峻的色彩。可口可乐是红底白字,那么 Pepsi-

Cola 就是白底蓝字。蓝色同样可以引人注目。蓝色的视觉冲击力是活力、进取、创新和年轻。因此,百事可乐强调的是活力文化。蓝色标志着百事可乐的激情和年轻人的心态,主要目标群体也是活力四射的青年人。

从色彩心理学的角度来说,蓝色可以使人联想到纯净、冷静、沉稳、理智、准确、安详与广阔。公众一看到蓝色,马上可以联想到海洋、天空、水和宇宙。

在商业设计中,强调科技,效率的商品或企业,大多选用蓝色作为标准色。如电脑、汽车、影印机、摄影器材等尤以"洋河蓝色经典"系列广告最为知名。

案例　洋河蓝色经典

在白酒市场上,很多厂家愿意采用红色、黄色作为品牌的主色调。可是江苏洋河酒厂却反其道而行之,把蓝色固化为品牌的标准色,起名为"洋河蓝色经典海之蓝"。商品的目标群体主要是政府机关、企事业单位以及成功人士的招待用酒,同时兼顾高档礼品酒市场。目标群体的社会身份,与蓝色的含义比较契合。该品牌在保持洋河酒传统的甜、绵、软、净、香风格的基础上,突出了绵柔、淡雅的独特风格,见图 4-1。

图 4-1　洋河蓝色经典

"洋河蓝色经典"有三个不同的价格档次:海之蓝、天之蓝、梦之蓝。它就是要使公众联想到大海和天空。并由大海和天空再引申到品牌的广告语:"世界上最宽广的是大海,最高远的是天空,最博大的是男人的情怀。"这就间接赞誉了商品的目标群体是有品位的成功男人。蓝色也表示对所有成功人士的敬意:将美酒、美名奉献给那些造福人民、豪情不拘的风流一代。

洋河酒厂的营销人员紧紧抓住蓝色的联想意义:深邃、智慧、冷静、内敛、博大、宽广、稳重。蓝色可以使公众产生更多的联想:蓝色是开放的象征,是时尚的标志,是现代的感觉,是品位的表现;喝蓝色经典意味着心胸开阔、包容万物、现代文明、科技世界、美好未来等。

海之深为蓝,天之高为蓝,梦之遥为蓝,就是对洋河蓝色文化的成功演绎,体现了人们对宽广、博大胸怀的追求。正是因为在品牌中注入了蓝色文化的意蕴,有力地提升了洋河品牌的形象。

洋河专卖店装修的主色调,也是统一的蓝色;洋河广告片中的女模特虽然不是名人,也不一定是美女,但是身穿蓝色曳地露背长裙,显得高雅、尊贵;装酒的瓶子是蓝色,外包装的纸盒也是蓝色等。

> 对于这种铺天盖地的蓝色,公众并没有反感、厌烦,而是在接受了蓝色的联想以后,选购蓝色经典。
>
> 2011年9月16日,在国家会议中心举行的华樽杯第三届中国酒类品牌价值研究成果发布会上,由中国酒类流通协会和中华品牌战略研究院公布了新的中国白酒八大品牌,洋河以210.89亿元品牌价值,位列第三,仅次于茅台和五粮液。白酒行业正在形成"茅五洋"的时代。2012年8月8日,洋河更以320亿元的品牌价值,首次入选胡润研究院发布的《2012中国企业品牌排行榜》,位列第17位;在江苏上榜品牌中居首位。

（三）白色的联想

白色,可以使人直接联想到冰天雪地、天上的白云、洁白的棉花、草原上白色的羊群等;继而可以联想到白衣天使、婚纱、无瑕白璧;甚至可以联想到爱情纯洁、天真烂漫、细心关爱、清纯灵气、高雅纯洁、直率诚实、高尚教养、明亮干净、健康无恙、无私友谊、雅致整洁等。白色给人以光明、质朴、纯真、轻松、恬静、凉爽、卫生、朴素、坦率等心理感觉,还包括期盼幸福、幸运、吉利、贞洁、寒冷、严峻、公正、端庄、正直、宽恕、少壮、畅快、恬静等超脱凡尘世俗的情感含义。

白色是无色彩系列的一种。过多的白色会给人单调的感觉,使人觉得平淡无味,甚至会有一种空虚的感觉。可是白色的背景却有着令人意想不到的感觉,在白色背景的衬托下,其他各种色彩才会更鲜丽、更明朗。

由于文化的差异,中国文化中的白色会给人恐怖、阴险、奸邪、投降等联想。西方国家的公众更偏好白色。伊斯兰教尤其奉白色为圣洁、优雅、和平与神圣。

白色使人有安全感,能够得到心理的慰藉。白色对病人的烦躁情绪有镇静作用。因此,医院的主色调就是白色。

（四）灰色的联想

灰色是中性色,略有色相感的灰色能给人产生高雅、细腻、含蓄、稳重、精致、耐人寻味、文明而有素养的高档感觉。灰色的含义是柔和、细致、平稳、朴素、大方,它不像黑色与白色那样明显影响其他色彩,作为背景色非常理想,任何色彩都可以和灰色相配。

过多的灰色,人的心理反应就会趋于平淡、乏味,甚至会感到沉闷、寂寞、颓废、忧郁、无激情、无兴趣,具有抑制情绪的作用。

（五）紫色的联想

紫色是红和蓝两种极端颜色的混合。紫色中的红,可以触动人的心理中内在的热情;紫中的蓝,能使人的心理产生一种和谐、冷静的感觉。因此,紫色充满了神秘、高贵的复杂情调。紫色的联想是:胆识、勇气、自信、优雅、魅力、自傲、优美、动人、灵性、浪漫、沉默和思考。在西方,紫色是贵族最喜爱的颜色。

（六）黄色的联想

黄色是最能发光的颜色。它有大自然、阳光、春天的含义,给人轻快、透明、辉煌、充满希望和活力的色彩印象。然而由于黄色过于明亮,也会引起轻薄、冷淡的联想。另外,黄色的色相不稳定,稍为添加一点别的颜色,就容易发生颜色的偏差。

黄色的店面设计特别显眼,公众一看到黄色,往往联想到丰收的麦浪、金黄的玉米、明丽的橙汁和可口香酥的食品。

在公众的色彩印象中,黄色表现为"暂停"。可以下意识地产生"停滞"的心理,不由自主地放慢脚步。因此,黄色被选为红绿灯的中间过渡颜色。

在中国的传统文化中,明黄色是皇家专用的颜色,其他人若是在住房、装修、装饰、服装、器皿等中用了明黄色,就是僭越,是要杀头的。因此,黄色在中国是高贵、皇家气派的象征色。

人的视觉对独立黄色的分辨能力比较弱,特别是在白色背景中的黄色,就很难看清。商店的招牌,如果单纯用黄色,既不利于吸引公众的眼球,也不容易让公众分辨字体与内容。因此,在营销活动中切忌单独使用黄色,要把它和其他的颜色组合应用。

黄色作为暗色调的伴色非常好。它可以很好地吸引人的注意力。黄色和蓝色是流行组合,黄色可以唤醒低调的蓝色,从而创建高对比度;紫色是黄色的补色,也是高对比度的组合。

(七)绿色的联想

大自然中最普遍的颜色就是绿色。在我们这个美妙的世界里,绿主宰着一切。在人们的心理中,绿色最容易使人联想起小草、大树、绿苗、嫩芽。绿色象征着健康、活力、青春、生命。

春的希望,夏的力量,秋的果实,都是绿的创造,绿的功劳,绿色是顽强生命的颜色。

环保意识普及以后,绿色更增加了人与自然和谐共生的联想。"绿色设计、绿色生产、绿色营销、绿色消费",对商品销售有着越来越大的影响。例如,绿色通道使人产生了快捷、诚信等方面的联想;绿色食品给人无污染、纯净、安全、优质、营养等方面的联想。

四、LOGO 的联想

什么是 LOGO?

LOGO 是标志、徽标的意思,也是一种标识符号、标识语。

在商品广告或者企业形象设计中,离不开文字和符号。文字和不同的字体选择有关;符号和各种不同的图案选择有关。

图 4-2 可口可乐 LOGO 字体

不同字体可以反映不同的风格。有的字体飘逸潇洒,有的字体圆浑敦厚,有的字体刚劲有力。因此,不同的字体可以传递不同的信息。比如可口可乐的英文写法是带有水线、呈流动状的斯宾塞体,见图 4-2。斯宾塞体这种活泼、生动的字体感觉,可以使人产生新鲜、清爽、充满活力的心理感受。可口可乐的消费者希望饮料新鲜与清爽,这样斯宾塞的字体与商品的特性可以完美地结合在一起。公众只要一见到可口可乐的 LOGO，便会联想到可口可乐饮料的活力、新鲜与清爽。

现在很多企业非常重视商标中的图案和企业标志，因为它们在公众心目中可以引起联想。

观察与思考

男同学认识图 4-3 中哪些汽车标识？看到标识，你联想到什么呢？

卡迪拉克	道奇	长城	别克	吉普	林肯
宝马	奔驰	克莱斯勒	凌志	福特	法拉利
英菲尼迪	五十铃	马自达	尼桑	劳斯莱斯	铃木
丰田	雪佛莱	捷豹	起亚	菲亚特	依维柯
本田	大宇	欧宝	大众	现代	斯柯达
陆虎	阿尔法	奥迪	水星	捍马	GMC
莲花	兵利	阿库拉	普利茅斯	本特利	吉利

图 4-3　汽车标识

女同学认识下面图 4-4 中哪些标志？看到标志，你联想到什么呢？

图 4-4 公共场所标志

小提示：符号实际上是一种世界性的通用"语言"。只要规定了符号的意义，或者是约定俗成，那么公众只要看到这些符号，就马上可以联想到符号标志的意义，大大节约了公众从联想到采取行动的时间。

五、联想使广告增值

如果广告能够包含准确的直接信息和丰富的间接信息，那么广告的价值就大。

直接信息是广告的第一信息系统，它通过文字、数据、图表直观地表现出来。间接信息是广告的第二信息系统，它必须利用字体、色彩、音乐、情节等表现因素，使公众获得新的感觉信息。

一般来说，企业往往注重直接信息的传播，而忽视对间接信息的挖掘。其实，商业广告，特别是电视广告，具有极大的信息张力。只要调动各种表现因素，就有可能使公众得到更多的信息。因此，挖掘广告间接信息潜能，就能实现信息倍增，增加有效传播。

联想对挖掘广告的间接信息，有着特别重要的意义。

生动、形象的广告，可以激发公众更多的联想，达到"言有尽而意无穷"的广告效果。好的广告,可以使公众在无意间看到时,就会不由自主地在自身知识、经验、情感的基础上,运用联想"自觉"地赋予广告"新"的内容,从而使广告内容产生信息增值。

音乐不但可以烘托气氛、营造意境,而且还能塑造形象、激发公众联想,深化广告内容,丰富、拓展商品广告的内涵。音乐的旋律、节奏、和声、音响等表现手段,形成了特殊的音乐语汇,具有巨大的穿透力。音乐不但可以震撼人的心灵,而且可以传达许多语言难以表达的情绪,促使人们在内心中反思、寻找某种感悟,宣泄某些情绪和心态。显然,如果商品广告中的音乐与商品广告主题互不相干,那就不可能有效地激发公众的联想,而成了"蛇足"。

张裕干红的电视广告,用深沉隽永的音乐作背景陪衬,用亲切感人的声音传递语言信息,把"传奇品质,百年张裕"演绎得情真意切,回味悠长。创作广告音乐的目的,就是以优美的旋律和独特的音响,在启发公众联想的同时,加深人们对商品的理解和记忆。

现在很多广告,采用情节性的广告手段。如果商品广告本身的内容,无法在广告中充分地展示出来,或者商品本身缺乏较强的视觉冲击力,那么情节就可以作为一种辅助手段,促使受众产生相应的联想。

南方黑芝麻糊电视广告片中有一个情节,给人留下深刻印象:卖芝麻糊的中年妇女,给吃完了黑芝麻却还在舔舐碗边的小男孩,又添加了一勺。这个动作颇具亲和力,观众从中可以联想到母性、怜爱、乡情、仁义、宽厚等真挚的情感和传统美德。虽然只是一个动作,却拓展了受众的联想空间,丰富了广告的信息内涵,使广告在传播过程中实现了增值。

在电视广告费用大幅度提高的条件下,如果能够通过各种手段激发受众的联想,就可以以较低的广告成本,获得较高的广告收益。

顾客通过联想选择的交易对象,实际上可以看成是他们对自我生命的塑造,使顾客生命中那些潜在的可能性,通过购物体现出来。因此,通过顾客的联想,购物活动就转化成为一种自我肯定的方式。

第二节 营销活动与人的想象过程

想象是在人的头脑中,凭借记忆所提供的储存信息进行加工、改造,从而形成新的形象的心理过程。

想象力是标志人脑想象的能力。爱因斯坦说过:"想象力比知识更重要,因为知识是有限的,而想象力概括着世界的一切,推动着进步,并且是知识进化的源泉。"

一、公众对商品的想象

(一) 商品激发想象

1960年,美国电视直播总统候选人辩论赛。年轻诙谐、着装得体、长相帅气的肯尼迪赢得了选民的青睐。其中一个很重要的原因是肯尼迪的形象比略显老态的尼克松,更容易激发选民的想象。很多美国选民仅仅只是因为肯尼迪的形象,就"想象"他当美国总统肯定比尼克松好。

公众对商品的选择和评价也是这样,外观靓丽的商品更容易激发公众对商品效果的正面想象。因此,好的商品包装不但可以真实地反映商品的性质和用途,而且还可以引发公众的想象,激发其购买的欲望和兴趣,坚定其购买的信心。食品包装的图案,如果能够逼真地显示食品的形状、色泽、质感,公众根据这些外观形象很容易想象出食品的质量、口感、味道,想象食用后的心理满足感。因此,想象对引发公众对商品的欲望,推动公众对商品的认知和完成交易行为有着重要的作用。

想象可以使公众与某些特定的商品之间,建立起具有某种象征意义的关系。正是这种特定的象征意义,成为他们购买商品的动机。

看到穿在模特儿上的服装,消费者就会想象:这件服装如果穿在自己身上,会出现什么样的视觉效果?在卖衣料的柜台前,我们经常可以发现一些女性消费者,把衣料披在身上照镜子的情景,这也是她们受想象心理驱使。消费者看到奶粉包装袋上胖胖的婴儿,也会想象自己的孩子吃了这种奶粉后,健康成长的情况。

消费者在交易过程中,如果遇到他们从来没有使用过的商品,就需要通过对商品各种信息的分析,再展开想象的翅膀,预想消费商品的情景。消费者通过想象,可以加深对商品功能的理解。

消费者在选购可以使生活水平显著提高的高档耐用商品时,是否有想象力的参与,对交易过程的作用更为突出。消费者在考察、参观样板房的时候,必然会根据样板房的布置,想象自己今后生活的居住空间。

(二)广告激发想象

对公众来说,广告本身并不是商品。可是广告可以激发公众对商品的想象。

公众看了宝马车的广告以后,会引起什么样的想象呢?肯定能够激发公众关于速度、高贵、尊荣、优雅、富有等的想象,从而激发公众的购买欲望。即使不买,也在头脑中树立起了宝马的品牌形象。

最能被广告激发想象的是社会的中产阶级。一方面,他们的心理迫切希望改变自己的社会地位,攀升到更高的社会阶层,享受更好的物质和精神生活;另一方面,他们的购买力还不允许他们有这样的奢求。想象就是对他们消费心理最好的慰藉了。他们经常试图通过拥有某些商品和服务,来获得更高社会阶层的"存在感"和身份的"认同感"。他们会通过时装来打扮、展现自己的个性,在公众面前表现自我。一个公司的高管,如果使用5年前的三星手机,那么在公司的高层商务会议上,他一定不会把老旧的三星手机放在桌面上。因为这会使他人怀疑你的品位、价值观,甚至能力。在环境的压力下,他们只得追逐时尚。只要有适合他们购买力的高档商品,他们都会毫不犹豫地购买。在消费这些商品的时候,他们中的每个人,都在想象着自己在向美好的生活又迈进了一步。从这个意义上说,中产阶级是最无力抵抗时装和时尚的要求,最能发挥商品想象力的那部分公众。

(三)公众对商品想象的心理基础

1. 从众心理和攀比心理

公众只有产生了购买的欲望,才会进一步激发对商品的想象。如公众对商品性价比的期望、商品是否可以成为社会身份的象征等。

从众心理和攀比心理可以催化、产生、提升公众对商品的欲望。因此,从众心理和攀比心理是公众对商品产生想象的心理基础,它们可以通过大众传媒和人际沟通的途径形成。

2. 暗示、模仿和感染行为

在人类社会中,只要不是宅男、宅女,都会与他人有各种各样的联系和沟通。在这些联系和沟通的过程中,经常会发生人与人之间的相互暗示、模仿和感染等行为。

(1) 暗示。暗示是对商品观念的一种传播形式。他人会在一定的社会环境条件下,或者有意或者无意地以含蓄、间接的方式,发出某种商品信息,影响某人的商品观念、消费心理和消费行为。

当销售员对顾客说:"这枚钻戒对你很合适。"这是一种直接暗示,目的是影响顾客对钻戒的想象。

刚开张的酒店为了给公众造成生意兴隆的错觉,即使生意清淡也要让所有的包间灯火通明。这是对公众的间接暗示——"我们酒店的生意多好,随时欢迎您的光临。"目的是为了引起顾客对酒店生意好的想象。

"我穿这身衣服一定可以年轻10岁"这是一种自我暗示。目的是通过自我想象,给自己树立信心。

"我戴这顶帽子很帅气,你呢?"这是一种反暗示。目的是通过肯定自己来否定他人,或者通过肯定自己,从反面劝说他人也去购买这样的帽子。很多故意向公众说明商品不足的广告,也属于反暗示,从反面暗示企业实事求是的精神,不欺骗公众的诚信态度。

(2) 模仿。模仿是人与人之间行为的传播形式,是人们自发地对他人的某些行为方式的学习、趋同或仿效。人们在好奇心理或求同心理的驱使下,往往会自觉或者不自觉地效仿他人的行为,特别是自己崇拜的明星的行为。在模仿的过程中,人们可以获得一种自在感和满足感。广告频频请明星出场,就是为了给公众提供可以模仿的对象,促进商品销售。

(3) 感染。感染是情绪传播的形式,感染者通过言语、动作、表情及其他方式,引发他人产生相同的情绪反应,从而使被感染者在没有任何压力、不需要任何条件的情况下,在行为或者意向上,不由自主地服从感染者的行为或意向的某种心理倾向。

感染可以在公众之间的不断交往过程中,反复多次地相互强化,从而达到公众对某种一般心理状态的共同感受。感染传播得越广,公众的共同情绪就越大。

感染影响的大小,与公众之间的相似程度,以及被感染者的理智、意志程度有关。一般而言,公众之间的相似程度(情境、态度、价值观、社会地位、性格、心理、消遣方式等)越接近,感染就越容易发生;受感染者的理智、意志程度越低,自我批判和分析的能力越弱,就越容易受他人的感染。体育比赛中全场摇旗呐喊,剧场观众的鼓掌叫好,流行商品的畅销,都与公众的情绪感染有关,这也是从众心理产生的根源。

二、营销人员的想象力

(一) 营销需要想象力

爱因斯坦说过:"想象力比一切都重要。"

实际上，推动营销活动真正的动力，也是想象力。营销大师科特勒对极力提倡"营销想象力"的莱维特有很高的评价："莱维特这个名字就是营销的同义词。"[①]

想象力可以帮助营销人员透过现象看本质，产生独到的见解，看到营销的内涵，帮助企业理解顾客，理解顾客需要解决的问题，找到吸引顾客注意力的途径和让他们产生购买行为的方法，从而认清未来营销活动的方向。因此，营销想象力是营销活动取得成功的出发点。

（二）什么是营销想象力

营销想象力是一种能够发现"一花一世界，一叶一如来"[②]的那种感知能力，是对公众及其需求细致感知后的思想升华。立足于公众及其需求这个基点，营销人员就可以充分发挥自己的想象力。

从想象力的深度来说，营销人员需要从公众的角度重新理解商品的概念。公众需要的其实并不是商品本身，而是利用商品解决人们面临的各种实际问题，包括途径、工具与方法。

从想象力的广度来说，营销人员的思想不应该局限在狭小的企业及企业商品的范围。营销人员需要在整个宇宙的万事万物中寻找能够激发想象力的灵感。

想象力可以使营销活动在新的、更高层次的理念指导下进行。

销售女装的营销员，凭着想象力可以产生这样的理念："我们商店销售的是美丽，以及青春永驻的希望。"

销售计算机的营销员，应该有这样的想象力："人们不是为了购买计算机到这里来，而是为了找到提高智力劳动效率的方法。"

有了营销想象力，企业营销活动的细分战略、定位战略和各种营销战术的运用，才有了思考问题的基本出发点。

没有贫瘠的市场，只有贫瘠的想象力。

（三）发挥营销想象力的方法

（1）发现事物最朴素、最简单的本质。事物是按照美的规律发展的，简单、朴素是美的真谛。因此，营销人员只有找到公众最朴素、最简单的想法，就可以使想象力有用武之地。

（2）解放思想。在营销活动中要发挥想象力，就必须摆脱习俗和成见，打破各种教条的禁锢，大胆实践，积极探索，与时俱进，开拓创新，习俗和成见使人们按照常规做事。但市场是在不断变化的，市场本身是最不常规的。因此，只有以变应变，才能在变化中发挥想象力。

（3）准确判断现状。营销想象力并不是脱离市场实际的瞎想、空想，而是在准确判断市场现状条件下的真知灼见。同质化的趋势，使很多商品越来越成为大众化的商品。可是只要认真分析这些大众化的商品，发挥想象力，就可以发现：世界上没有什么完全相同的

---

① 西奥多·莱维特（1925—2006）：现代营销学的奠基人之一，是市场营销领域里程碑式的偶像人物，曾担任美国哈佛大学教授、哈佛大学市场部主任、《哈佛商业评论》主编。

② 佛教经典《华严经》说："佛土生五色茎，一花一世界，一叶一如来。"从一花一叶可知大千世界。一花而见春，一叶而知秋，窥一斑而见全豹，观滴水可知沧海。从寻觅细微之物，可以想象出大千世界的缩影。

东西,差异化——万物皆可行。只要营销人员从公众想要解决问题的角度去理解商品,那就一定可以拓展商品的差异化空间,使企业的商品和其他商品不一样。

差异化并不只是指与众不同、独一无二的商品,从完全差异化的商品到完全同质化的商品之间,有着几乎是无穷的、值得发挥想象力的开发空间。

(4) 必须考虑服务的因素。要发挥想象力,还必须考虑服务这个重要的营销因素。与商品的差异化相比,服务更具有差异化的特性。当商品的核心价值层次没有多少差异化可以挖掘时,在商品的服务方面发挥想象力,哪怕是服务细节的微小改变或创新,就可能创造出商业的奇迹。营销人员对公众需求的价值主张越理解,就越能发挥想象力,创造差异化的空间就越大。

(5) 发挥想象力就是发挥创造力。任何人都能发挥想象力,大多数人经常在发挥想象力,很多人却只是天马行空地幻想,这是在浪费想象力。如果能把不同的事实或想法融合在一起,通过想象力赋予它新的含义,就能使营销工作大有起色。

案例 杜邦公司尼龙材料的纯度

杜邦公司的尼龙制品首屈一指。公众"想当然"地认为:杜邦公司尼龙材料也是第一流的。

实际上,杜邦公司尼龙材料的化学成分和竞争对手的完全一样。只是因为品牌效应的作用,杜邦公司尼龙材料的价格比竞争对手的价格略高一些,并且这个价格差还在不断减小。

杜邦公司的市场营销人员想:能不能阻止溢价幅度下滑,最好能让它增加,以提高企业的利润?看起来这是无法实现的梦想。

营销人员对客户进行了深入访谈,结果发现:几乎所有的客户都"误以为"杜邦公司尼龙材料的纯度要比其他的企业更高一些。于是营销人员"发现"了杜邦公司尼龙材料之所以有商品溢价的真正原因。

怎样才能增加这个溢价值?这需要更大的营销想象力。

杜邦公司营销人员决定在专业性的杂志上做关于尼龙材料纯度的广告。他们还在行业商品展示会上进行商品纯度展示,大肆宣传公司是如何"费尽心机"保证尼龙材料的纯度——其实公司在生产过程根本没有做出任何努力和改变。在广告和展示会上展示的所有质量保证检查单,都只是杜邦公司在生产过程中定期要做的化验单。杜邦公司的营销人员甚至非常夸张地把电子分光镜搬到展示会的现场,请参会者通过电子分光镜,亲自检查、体验杜邦公司尼龙材料在不同生产阶段的纯净度。

营销人员的想象力很快得到了回报:原本很小的溢价,在随后数年内不断增大,市场份额不断上升。"杜邦公司的尼龙材料具有很高纯度"的赞誉,成为该商品最重要的卖点。其实,杜邦公司该商品仍然像过去一样,与竞争对手的商品之间也没有任何实质性的差异。

杜邦公司虽然胜之不武,但是市场只为胜利者鼓掌。显然,营销想象力功不可没。

案例　营销想象力与公务卡

公务卡消费在我国已经得到了普及，成为反腐倡廉的有力工具。可是公务卡在开始推行时，却需要极大的想象力。

美国运通公司当年的"绿色信用卡"，就是今天公务卡的前身。

运通公司的营销人员经常在想一件事：那些在大公司里掌管金库钥匙的高管们，心里在想什么？他们有什么需要？

任何一个企业的财务人员都会发现：出差费用在成本中的比例越来越大，公司的高管对如何降低出差费用的问题越来越关心。顺着高管们的思路，运通公司的营销人员发挥想象力，并产生了这样的问题："我们怎样帮助这些管金库钥匙的人，管好公司的出差费用？"

想要管别的公司的出差费用！这难道不是天方夜谭？

关键是要把大公司关心的出差费用问题，与运通公司的业务优势以适当的方式结合。这显然是需要发挥想象力的困难问题。

运通公司的营销人员是怎么做的呢？

第一，说服用户把运通公司发行的"绿色信用卡"，发给经常需要出差的员工，而不是预支现金。这样有助于企业对出差费进行有效的监督。

第二，运通公司把"绿色信用卡"的业务，转到公司下属的旅行服务事业部经营。该事业部的业务就是预订旅行社、机票和酒店服务。根据客户对不同级别员工出差费制度的规定，该事业部的业务人员提出相应的出差安排。因为运通公司可以为客户找到折扣最大的机票、费用最低的路线，以及在不同档次酒店的最低住宿费[①]。

第三，"绿色信用卡"的销售广告语："没带上它就不要出门"。这也是极富想象力的、强有力的市场营销定位。

第四，针对客户公司很多财务数字被掩藏在其他各种预算科目中的现实，运通公司给每个客户公司设立了专用的"出差服务台"，并给每个客户公司分配一个专用的800电话号码。客户公司所有员工的出差费用都必须从这个"出差服务台"汇总。这样，客户公司的财务部门就很容易监督、"控制"公司全部的出差费用。第五，运通公司按月给客户公司的财务办公室提供该公司出差总费用的分析报告，指出违反出差费用管理制度的具体情况。

第六，运通公司的市场营销人员通过分析认为：对于年度出差预算大于3000万美元的客户，在扣除"绿色信用卡"的服务费后，客户公司节省的出差费用超过10%。

在如此富有想象力的市场营销策划的攻势下，在客户能够得到最大的经济利益的条件下，还有哪个公司会不动心呢？

---

①　运通公司认为，企业越大，业务区域越分散，出差的成本就越大；政府对机票折扣率的管制取消后，不同航空公司、不同班机的机票价格有很大的差别；不同酒店住宿价格议价的空间越大，出差人员就越不容易发现市场上酒店住宿的最低价格；客户公司的规模越大，出差的目的、种类就越多，人均出差费用的差别也就越大，公司财务部门对整个公司出差费用的控制就越不容易做到。

第五章　营销活动的思维与概念

第一节　营销活动的思维

思维是人的高级心理活动,是人脑对客观事物的本质和事物间联系规律的反映。

思维的基本方法有分析与综合、比较与分类、抽象与概括、归纳与演绎、具体化与系统化,如图5-1所示。

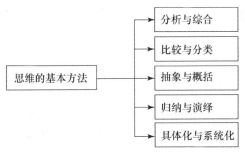

图 5-1　思维的基本方法

一、营销思维

(一)营销思维的概念

营销思维是指营销人员在营销工作中产生的各种思维活动。

营销人员针对营销活动中出现的问题,必然要运用营销理论和营销经验来分析问题、动脑筋、想办法,提出有效的解决方案,这也就是营销思维的过程。

(二)营销思维的关键

营销人员是否有对市场的敏感,是营销思维有效性的关键。营销人员整天和市场打交道,可以感觉到很多的市场信息。平庸的营销人员对这些市场信息熟视无睹、充耳不闻,只是按常规运作。可是优秀的营销人员,却可以通过大脑思维,对这些市场信息进行加工提炼,敏锐地发现问题,直觉地感受到市场发展的趋势,从市场现象揭示市场本质,抓住市场机会。同时,还能迅速判断社会大环境的变化,善于把各种社会现象、社会问题,转化为营销现象、营销问题,并通过相应的营销活动,创造市场机会。

二、营销思维模式

不同级别的营销人员,对营销活动全局的把握是不同的。基层营销人员只能以终端渠道的营销视野进行营销思维;中高层营销人员的视野显然比基层营销人员的视野要高远得多。

营销视野是否高远,对营销思维有很大的制约作用。营销学界有两句话:"思路决定出路","高度决定思路"。前一句话说的是商品的市场表现取决于营销人员的营销思维,后一句话说的是营销人员营销视野的高远,决定了营销思维的成果。

营销视野的高远,实际上指的就是营销职位与营销全局性之间的关系问题。一个直接与顾客进行商品交易的营销员,他知道具体商品在他的柜台上好不好卖,他不会知道这个商品在世界市场上的表现究竟如何;企业的市场总监虽然不可能知道在终端渠道上每天发生的所有细节,但是他却可以知道商品在所有市场的表现。

可见营销人员只有掌握市场的全局,才能对市场有比较全面、比较正确的理解,才能站在一定的营销高度进行营销思维,也才有可能提出解决市场营销问题正确的营销战略、战术。

(一)具体市场的营销思维模式

具体市场的营销思维,主要着眼于价格战、促销战和终端战。在这种营销思维的指导下,营销人员主要的工作就是做广告、做促销、做终端。营销思维的目的就是为了解决终端市场出现的一些具体问题,通过提高营销执行力来完成企业的营销指标。

(二)企业战略高度的营销思维模式

企业战略高度的营销思维,着眼于"定位"、"目标群体"和"细分市场"等战略的考虑。主要的营销工作是选择企业最具优势的目标市场和消费群体进行营销活动,而不是具体的攻城掠地、占领市场。这种营销思维的要点是:"有所为,有所不为"。营销的主要工作是根据企业的战略步骤,进行营销战术组合,强调营销战术的整体联动和整合运作。

(三)企业差异化战略的营销思维模式

企业差异化战略的营销思维,着眼于商品市场结构的研究。任何企业占有的社会资源都是有限的。要考虑企业的优势和特点,认定某个营销要素作为企业的营销重点,其他的营销要素必须服从、配合这个重点要素。不同的企业有不同的市场环境、不同的企业资源、不同的企业营销和管理能力、不同的行业竞争态势,当然也应该有不同的商品营销重点要素。产品、价格、渠道、促销、服务等任何一个营销要素,都可以成为企业商品营销的重点要素。根据市场环境的变化,也可以适时地转变企业商品营销的重点要素。

(四)产业价值链的营销思维模式

产业价值链的营销思维,着眼于整个行业产业链的布局进行营销思维。这种营销思维的要点是:不能只站在本企业的立场上来进行营销思维,要清楚本企业在整个产业链中的地位和作用,从与企业有关联的上下游企业之间的关系中,考虑营销的问题。

市场竞争的观念,在当代发生了很大的变化。市场竞争已经不完全是企业商品之间的竞争,而是以商品为纽带的、所有上下游企业都参与的企业产业价值链之间的竞争。企业商品要有终端渠道的价格优势,就必须要有原材料的价格优势,必须要有营销渠道维护成本的优势,而这些都不是生产商品的企业能够决定或者控制的。只有上下游所有的企业同心同德,有共同的利益诉求,能够同富贵、共命运,才能夯实商品市场竞争的基础。从营销思维的角度来说,产业链系统协同效率越高的企业,其市场的竞争优势也越大。

对于不同经济利益主体的各个企业来说,"双赢"显然是产业价值链的营销思维模式最主要的理念。以自我为中心,以邻为壑的理念,从短期来看,似乎得了大便宜,可是从长远发展来看,是饮鸩止渴、自绝生路。

(五) 四种营销思维模式的评价

这四种营销思维模式,在现实的营销实践中同时存在。不能简单地就说哪种营销模式绝对好,哪种营销模式绝对不好。因为企业商品种类不同,市场定位不同,企业经济实力不同,所以处在不同市场状态下的企业,应该在营销实践的过程中,摸索最适合企业商品形式的营销思维模式。另外,营销人员在营销中所处的地位不同,他们的营销思维模式显然也不同。

一般地说,具体市场的营销思维容易被其他企业模仿。买一赠一、让利销售、低价折扣、有奖销售、终端拦截、"地毯式广告轰炸"等营销战术,任何一个企业都会,任何商品都适合。可是在营销实践中,恰恰是这种营销思维最普遍。有的企业还运用得非常好,像广东"格兰仕"集团,就是利用这种看起来最简单、最俗套的营销思维,在市场上获得了成功,促使企业大发展。也正是因为有了这种营销思维,才能大浪淘沙,适者生存,使质次价高的商品被迫退出市场。

从理论上来说,虽然产业价值链的营销思维模式是最好的一种营销思维,但是这种营销思维却只有那些有实力、有魄力、有胸怀的企业或者企业家才可能有的营销思维。一般的企业或者企业家很难实施这种营销思维模式。一个只有少数企业或者企业家才能运用的营销思维模式,显然只是一种可以提倡的营销思维模式,不可能在实践上全面推广,更不会成为所有企业的营销思维模式。

德国哲学家黑格尔曾经说过:"凡是存在的,就是合理的。"[①]既然在现实的市场上,存在着各种不同的营销思维模式,我们就应该根据具体条件和具体营销职位的不同,选择最适合自己营销岗位的营销思维模式。

企业在不同的发展时期,营销思维模式也可能会发生变化。例如当企业处于生存期时,为了应付现实的市场竞争,也许只能采取"兵来将挡、水来土掩"式的具体市场营销思维模式,使企业"活"下来。

当企业处于成长发展期时,可以考虑企业战略高度的营销思维和差异化战略的营销思维,使企业做大、做强。

当企业成为市场领导者时,就应该有更高的营销境界,可以从产业链竞争的层次进行营销思维,成为引领某个产业共同发展、共同富裕的带头人。

三、营销活动基本的思维方法

(一) 营销活动中的分析思维方法和综合思维方法

1. 营销活动中的分析思维方法

科学的营销思维方法,就是要把复杂的市场问题,通过分析的思维方法,分解成各个简单的部分。简单的东西,显然易学会做,从而提高营销执行力。分析思维的方法,其实质就

---

① 黑格尔.小逻辑[M].贺麟译.北京:生活·读书·新知三联书店,1954.

是提高营销的可操作性问题。

(1) 营销过程中,营销人员的分析思维方法。为了向用户全面介绍商品,营销人员必须清楚商品的品质、工艺、包装、制造过程、原材料产地。这就需要分析思维。企业的商品要与其他企业的商品区别开来,实现差异化营销,其前提就是要对竞争对手和本企业的商品进行分析。为了扩大市场、开辟市场,也需要营销人员分析商品、价格、渠道、市场、地域、客户、卖场、人性、顾客的消费习惯和消费频率等。在选择经销渠道时,也要认真分析经销商的经营理念、盈利模式、实力、销售网络、渠道构成、信誉度、管理能力、学习能力等是否符合经销本企业商品的要求,最后才决定是否与经销商签约合作。

(2) 营销过程中,顾客的分析思维方法。为了购买满意的商品,顾客在购买之前,就必须分析自己的需要,分析市场有哪些商品可以满足自己的需要,还要分析广告信息是否有虚假的东西;在购买过程中,要分析商品的产地、质量、成分、价格;在商品消费过程中,还要分析商品的效果,以及存在的问题。越是理性的顾客,分析思维就越具体。

2. 营销活动中的综合思维方法

(1) 营销过程中,营销人员的综合思维方法。在营销界目前非常流行的整合营销,就是运用综合思维方法的典型。整合营销必须找到不同营销战术的共同点,或者契合点,综合成为有机的整体。例如,企业拍摄商品的系列广告,也必须要有综合的广告理念贯穿其间,才能形成统一的风格;企业要想品牌延伸,就需要对同一品牌下各个商品的个性进行综合;营销管理者只有在综合考察营销团队每个成员素质的基础上,才能为每个成员提供最适合他发展的舞台;营销人员要胜任营销工作,也必须提高自己的综合素质;营销团队的精神,就其实质来说,就是要发挥全体营销人员的综合创造力等。

(2) 营销过程中,顾客的综合思维方法。有经验的顾客,在交易活动中也善于运用综合的思维方法。他们会对从不同途径获得的商品信息进行综合考虑,最终才作出购买决策,以减少交易风险。

> **案例　感谢妈妈,为母亲喝彩!**
>
> 　　宝洁公司作为伦敦奥运会的主赞助商,在2012年母亲节前夕,与中国数字媒体"百度"合作,在全世界范围内掀起了一场174年来最大一轮的品牌营销活动,创造了营销历史上的巅峰时刻。活动的主题是:"感谢妈妈,为母亲喝彩!"
>
> 　　母亲是快速消费品的主要购买者和决策者,"感谢妈妈"是一个极富感染力的主题;宝洁公司是快速消费品的生产商。这样,"感谢妈妈"的营销主题,就与宝洁公司最大的目标群体产生了情感共鸣。
>
> 　　每个运动员要实现奥运梦的理想,离不开母亲的支持和鼓励,这样,宝洁公司又借奥运会开幕前夕的契机,向全世界运动员的妈妈表示感谢。
>
> 　　"感谢妈妈"的主题营销活动,横跨200个国家和地区,由150位参加伦敦奥运会的世界著名运动员作为广告代言人,为该公司传递30个品牌系列的商品信息,有超过400万家商铺配合营销主题开展促销、展示活动。

"百度"是中国最具价值、影响力最大的数字媒体,能覆盖5亿多中国用户,每日搜索次数高达50多亿次。"百度"在数据库的积累方面,有丰富的经验;对公众的消费行为,也有深刻的洞察力。这样,宝洁公司就可以利用"百度"多年累积的用户搜索数据,了解品牌的美誉度,以及宝洁商品在市场划分、市场定位方面是否存在偏差等相关信息,为优化产品线、进行精准营销的综合研究,提供了第一手的资料。

"百度"与宝洁共同搭建了一个"感谢妈妈,用爱跨越距离"的mini官网。重点突出用户的参与、互动功能。用户可以在"百度"地图上标注妈妈所在地的位置,给妈妈发一封表示祝福的电子邮件,以传递子女对母亲的感激和牵挂之情;可以在"百度"大转盘的互动游戏中,为妈妈赢取一份礼物;可以通过"百度"的无线客户端,直接与妈妈通话问候;还可以通过"百度"mp3,与妈妈一起收听"为妈妈喝彩"的主题歌,以表孝心;利用"百度"贴吧,讲述妈妈的故事与公众分享;上传近年来工作、生活、家庭的照片,以免妈妈挂念;通过"百度"影视,与妈妈一起观看"为妈妈喝彩"的微电影"等。

丰富多彩的网上活动,吸引众多网民的积极参与。

除了线上的精彩外,在线下,宝洁在全国23所高校、1000家大型商场和超市,以及战略合作伙伴屈臣氏的1000家门店内,开展互动活动①。一周内,"感谢妈妈"专题页面PV超过800万②,吸引了近400万网友的互动参与,同名微电影播放超过500万次,微博影响人群达到8329万。

这次以综合思维方法为主的整合营销活动,是一次触动人类心灵的情感营销,获得了极大的成功。2012年11月14日,在上海举行的第五届金投赏颁奖典礼上,"感谢妈妈,用爱跨越距离"整合营销案例,获得了唯一一个最高奖项"全场大奖"。③

【案例视频】http://v.youku.com/v_show/id_XNDM5Mzg4NjA0.html

(二)营销活动中的比较思维方法和分类思维方法

1. 营销活动中的比较思维方法

(1)营销过程中,营销人员的比较思维方法。差异化在营销工作中的重要性是不言而喻的。可是要做到差异化,营销人员就必须要很好地运用比较思维方法。要认真比较企业的商品和其他企业商品的相同点与不同点,比较商品价格对顾客购买行为的影响,比较商品的功能和顾客需要之间的符合程度,比较不同商品在不同市场上的销售情况,还要比较不同营销团队的工作效率等。

(2)营销过程中,顾客的比较思维方法。买卖双方对商品信息,存在着严重的信息不对称现象。卖方对商品的品质、成本、利润空间等信息,是不会告诉买方的,这就形成了"买的没有卖的精"的现象。在长期的购物实践中,买方在"吃一堑,长一智"的基础上,才总结

---

① 屈臣氏是香港和记黄埔有限公司旗下屈臣氏集团的保健及美容品牌。屈臣氏在中国内地拥有1000多家分店及13000多名员工,是中国目前最大规模的保健及美容商品零售连锁店,拥有超过2200万的会员。

② PV(page view),即页面浏览量。它是衡量网络新闻频道或网站,甚至一条网络新闻传播受众的主要指标。

③ 芮娜.整合营销[J].世界经理人,2012,(11).

出了"货比三家不吃亏"的购物经验。

"货比三家不吃亏"是"比较"这种思维方式在市场营销中的具体运用。在市场经济竞争规律的作用下,不同企业为了争取顾客的青睐,会综合考虑商品质量和定价之间的关系,也会考虑定价和销售商品数量之间的关系。这样,聪明的顾客就可以通过"询价"、"还价"的过程,对商品的质量、价格、售后服务、便利性等各个方面进行比较,买到比较满意的商品。

比较这种思维方法,能使没有购物经验的顾客在短时间内成为行家里手。因为他们只要掌握"不怕不识货,就怕货比货"的购物诀窍就可以了。通过比较,就能判断优劣,就能知道商品的性价比。有了比较,在琳琅满目的市场上,就有了参照物,有了方向,有了标准。

2. 营销活动中的分类思维方法

(1) 营销过程中,营销人员的分类思维方法。定位和市场细分的营销战略,就其思维实质来说,只是分类思维方法在营销战略中的具体运用。根据顾客心理特点的不同,把顾客按照一定分类标准划分为不同的类别,按照不同类别对商品需求的差异,确定不同类别商品的档次和价格,这就是分类思维方法的基本过程。

企业要熟悉市场,也必须对市场上所有的企业,按照一定的标准进行分类,从中选择竞争对手或者赶超的标杆。

按照商品的质量进行分类销售,是营销中常用的方法。如农产品的分拣,就是根据大小、好坏、成熟程度、新鲜程度、原产地、功效等标准进行分类;工业品也可以分类为优等品、一级品、等外品、次品等不同的类别。不同类别商品的目标市场和销售价格显然不同。

(2) 营销过程中,顾客的分类思维方法。顾客根据购买力条件和消费偏好,会在市场上选择最能满足自己需要的商品。这显然要有分类的思维方法。顾客只有知道高档、中档和低档商品的分类区别,才能知道应该到什么样的购物场所去购买什么档次的商品,这样才可以避免不必要的尴尬。因此,顾客只有掌握了分类的思维方法,才能使购物过程成为心情愉快的体验过程。

(三) 营销活动中的抽象思维方法和概括思维方法

1. 营销活动中的抽象思维方法

(1) 营销过程中,营销人员的抽象思维方法。广告营销就是抽象思维的结果,几秒钟的广告,浓缩了最主要的商品信息。显然,广告策划和广告制作的过程,就是抽象思维的过程。

营销策划书必须用比较少篇幅,把商品的市场推广可能遇到的问题抽象出来,并提出解决问题的策划方案。如果没有营销人员对市场状况的抽象思维,是不可能写出有创意的营销策划书的。

(2) 营销过程中,顾客的抽象思维方法。面对林林总总的商品,顾客要在尽可能短的时间内找到心仪的商品,就需要运用抽象思维方法。例如到超市购物,顾客必须知道各种抽象符号的意义,才能买到放心的商品。

2. 营销活动中的概括思维方法

(1) 营销过程中,营销人员的概括思维方法。确定广告的诉求点,是营销人员对商品特性与目标群体需求吻合程度最高度的概括。一句有市场穿透力的、简单易记的广告语,就是营销人员概括思维能力的具体体现。

公众对故事性、情节化的广告所传递的商品信息越来越欢迎。可是这种故事性、情节化的广告,必须是现实社会生活的高度概括,只有通过概括,才能形成典型的人物和生活场景。

(2) 营销过程中,顾客的概括思维方法。顾客在向营销人员咨询的时候,如果能够运用概括思维方法,就可以很容易把自己的要求讲得很清楚明白。在网购时,利用关键词进行搜索,就可以节约很多的购物时间,这也要求顾客必须有一定的概括能力。

(四) 营销活动中的归纳思维方法和演绎思维方法

1. 营销活动中的归纳思维方法

(1) 营销过程中,营销人员的归纳思维方法。高层的营销管理者在选择店址时,常常会用到归纳思维的方法。他们会派人到待选地记录人流量、车流量的情况,调查附近社区居民的购买力情况,调查交通的便利性,研究商店的辐射半径内有没有竞争者等。然后再归纳这些情况,最终决定商店的选址。

(2) 营销过程中,顾客的归纳思维方法。顾客在购买商品时,常常会利用归纳思维对商家的营销活动进行判断。如果商店里陈列的商品,看起来包装陈旧、生产日期较长、商品上积有灰尘、商品堆头混乱、商品摆放凌乱、销售人员懒懒散散、商店里顾客不多,只要根据这些情况,顾客马上可以通过归纳得出这样的结论:这个商店的商品流转率低,服务态度不好,顾客购物没有相应的保障,不能在此购物。

2. 营销活动中的演绎思维方法

(1) 营销过程中,营销人员的演绎思维方法。商家根据社会的热点问题或者评论,调整营销战术,也可以使用演绎思维的方法。例如:

因为:冬天天气寒冷,公众需要保暖商品;

羽绒服、电热器、电暖水袋都属于保暖商品。

所以:现在已经深秋。羽绒服、电热器、电暖水袋这些保暖商品应该大量备货,以供冬季旺销市场的需要。

一般来说,凡是根据营销心理得出的经验性规律,都可以作为营销演绎思维的大前提。例如"自我价值实现是人的最高层次需求"、"人总是趋利避害的"、"年轻人有追求时尚的心理"等。根据这些营销心理的经验性规律,通过演绎思维,就可以针对特定的目标群体安排合适的商品供应市场。

有些从个别市场调研得出的结论,在一定的条件下,也可以作为企业拓展同类型市场演绎思维的大前提。例如"红桃K"集团的营销人员,通过对湖北农村育龄妇女的调研,得到了如下的调研结论:

因为:很多农村妇女认为月经失血,对身体健康不利;

"红桃K"是质优价廉的补血保健品。

所以:"红桃K"很适合中国农村育龄女性使用。

根据由演绎思维方法得出的结论,"红桃K"集团公司安排了30万营销大军深入农村推广"红桃K"。

(2) 营销过程中,顾客的演绎思维方法。很多顾客根据商品品牌作出购物决策。这就是运用演绎思维方法的结果。顾客的演绎过程是以下的三段论:

因为:有品牌的商品质量都是有保证的;

这个商品有品牌。

所以:这个商品的质量有保证,我可以放心购买。

(五)营销活动中的具体化思维方法和系统化思维方法

1. 营销活动中的具体化思维方法

(1) 营销过程中,营销人员的具体化思维方法。一个优秀的营销人员,对顾客的询问,应该是有问必答,有求必应。顾客对他们不熟悉的商品,总是抱着怀疑的态度,用极其挑剔的眼光,对商品品头论足,或者提出各种各样的"理由"来反驳商家的观点。

这时,营销人员就应该运用具体化的思维方法,要非常详细地为顾客介绍商品的每一个细节,从商品的功能、优点,到商品的使用、保养,再到商品的挑选,都应该具体阐述。只有当营销人员能够如数家珍地把商品的各个方面都说得很明白时,顾客才会相信营销人员确实很"专业",才会打消对商品的种种疑虑放心购买。

(2) 营销过程中,顾客的具体化思维方法。顾客购物要买的东西,当然是具体的商品。因此,顾客挑选商品的行为,就是在运用具体化的思维方法。顾客就事论事地与营销人员交流有关商品的具体问题,也是具体化思维方法的作用。

2. 营销活动中的系统化思维方法

(1) 营销过程中,营销人员的系统化思维方法。经销商对新面市的商品不熟悉,他们会向企业的营销人员提出很多问题。和公众不同的是:公众的问题主要集中在商品本身,他们很少会对企业的情况提出质疑;经销商不但会详细询问商品本身的一些问题,而且会对所有与商品有关的问题提出质询。因此,企业的营销人员在接受经销商的考察时,不但要知道自己负责营销的某个商品,而且要知道企业生产的其他商品;不但要知道企业的销售状况,而且要知道企业的财务、生产、原材料供应等各方面的情况;不但要知道商品的使用、保养、安全等具体的知识,而且要知道商品的化学成分、物理性质等各方面的情况。这就必须掌握系统化的思维方法。

当然,对于有成千上万种不同商品的企业来说,要想让某个营销人员知道整个系统的情况,这是完全不可能的。企业的组织形式从营销部制改为事业部制,就是为了适应系统化思维的需要。

事业部制既可以按照销售地区划分,也可以按照商品的类别划分。对于划分后的营销单位来说,营销人员仍然应该较好地掌握具体化思维方法和系统化思维方法。

(2) 营销过程中,顾客的系统化思维方法。对于一般顾客来说,也许不需要在购物过程中运用系统化的思维方法。可是如果是企业的老顾客,或者是对某个事物或者人情有独钟的"粉丝"来说,就常常要用到系统化思维方法。他们会极尽全力了解一切,并且用系统化思维方法得出他们的结论。

四、市场营销的思维定式

（一）思维定式概念

"思维定式"是指人们用过去习惯的思维方法,对新出现的事物进行思维判断的心理过程。简单地说,"思维定式"就是指人的思维过程,总是习惯于遵循原来的思维路径或者思维方式,表现出某种思维的消极倾向。

从人的认知心理来说,通过认知形成的知识、经验,会形成某种固定的、带有心理倾向性的思维方式,从而影响人们对后来感知的事物进行分析、判断,从而形成"思维定式"。

一方面,思维定式可以在很大的程度上节约人们的思维过程。只要现在的思维与过去事物具有共同性,那么利用思维定式可以多快好省地解决当前事物的认识问题。另一方面,思维定式也使人的思维难以突破原来旧的思维方法形成的条条框框,影响人们对新事物的分析和认识。

（二）营销活动中的思维定势

在营销活动中,也常常会出现思维定式。例如,沃尔玛"天天平价"的广告语,就使绝大多数公众产生了思维定式。很多人到沃尔玛购物时想的是"沃尔玛销售的所有商品都是平价"。

公众这个思维定式得出的结论对不对呢？实际上,没有一个顾客会认真比较沃尔玛所有商品的价格是不是真的比其他商店便宜。公众的思维定式是由沃尔玛的广告宣传和个别商品的平价造成的。据一些有购物经验的老顾客说,在沃尔玛,除了一些大路货的商品比较便宜外,其他商品也不怎么便宜,一些高档的商品还比其他商店贵。

如果说这些老顾客的说法还只是片面的购物经验的话,那么曾经在美国沃尔玛总部工作过多年的迈克尔·贝里达尔,对沃尔玛商品的价格的评价,应该是最权威、最公允的。

贝里达尔写了一本名为《沃尔玛策略》的书[①]。在第一章,贝里达尔详尽介绍了沃尔玛的价格策略。他指出：在沃尔玛,商品的定价有以下三个原则：

第一,并不是所有商品的定价都比其他商店低,称不上是商品价格的"低谷"。在沃尔玛,只有顾客价格最敏感的那些商品售价,才是"平价"的,甚至有可能是行业内"最低"的定价。因为只有降低这些商品的价格,才会使顾客敏锐地感觉到价格的低廉,也才能最大限度地影响消费者的价格记忆和价格思维。

第二,如果在沃尔玛的市场辐射半径内没有其他的竞争对手,那么沃尔玛的商品定价就高；如果在沃尔玛的市场辐射半径内有其他竞争对手存在,那么沃尔玛的商品定价可能会比较低；如果沃尔玛可以在这个地区获得垄断的地位,那么沃尔玛的商品定价可以很高。很显然,这是出于价格竞争的需要。

第三,如果在沃尔玛的市场辐射半径内有其他竞争对手存在,那么沃尔玛就会拿出30～50个当地顾客最敏感的主打商品,制定"最低"的价格来冲击市场。直到逼迫竞争对

---

① 迈克尔·贝里达尔.沃尔玛策略[M].北京：机械工业出版社,2006.

手无利可图撤出当地市场。当沃尔玛重新形成独霸市场以后,一定又会用"迈小步、快迈步"的策略,把原来为了击垮竞争者而调低的商品价格,逐渐恢复到原来的价格,甚至可能会高于原来正常的商品价格,以弥补因为竞争而"低价"所造成的利润损失。

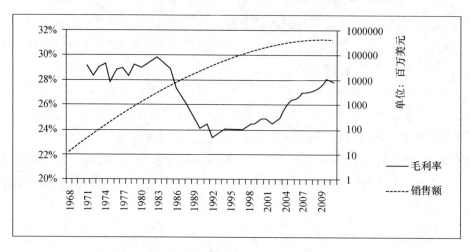

图 5-2　沃尔玛的销售额和毛利率图示

由此可知,沃尔玛并不是所有商品的价格都比其他商家便宜。实际上大部分商品的价格还是偏高的。只有部分敏感商品的价格才是"最低"的。老百姓之所以会形成沃尔玛商品"低价"的心理定式,很大程度上是因为沃尔玛的营销宣传。沃尔玛一直宣传"天天平价",坚持3%~4%净利率的"合理盈利水平"[①],使公众产生了认知上的错觉,从而形成思维定式。

一方面,沃尔玛靠公众的思维定式维持着"天天平价"的假象,以保持其高客流量;另一方面,沃尔玛靠进货量这个筹码,压低供应商的供货价格,增加利润空间。据测算,沃尔玛的毛利率[②]在24%~30%,远远高出美国其他零售业的竞争对手[③](见图 5-2)。

第二节　营销活动概念与过程

概念是反映事物本质属性的思维形式,是思维对事物特征的独特组合而形成的知识单元,也是人进行逻辑思维最基本的单元和形式。

一、概念营销

(一)什么是概念营销

概念营销是指企业根据市场需求趋势的变化,在积极研制新产品的同时,利用传播与

---

① 耿邦昊,洪涛.超市行业深度报告:中国超市,难出沃尔玛[N].平安证券,2012-10-09.
② 沃尔玛的毛利率是指(通道费+商品差价)/销售额。服装类商品的毛利率高,肉类、果蔬类的毛利率大约不到10%。
③ 杨钦.零售业毛利率全解析[N].天下网商,2012-04-16.

说服等营销手段,向顾客提供近期社会消费的倾向和变化,以及企业即将开发有关新产品的信息,以期引起公众的关注与认同,唤起公众对新产品的期待。

从营销的角度来说,概念营销就是指企业在市场调研和预测的基础上,把准备上市的商品或者服务的特点加以抽象、概括,创造出商品新的核心价值的营销活动。企业营销部门通过向公众传播这种商品新的核心价值概念,以及这个概念所蕴含的商品功能取向、价值理念、文化内涵、时尚观念、科技知识等方面的内容,激发公众的心理共鸣,引发公众的购买欲望,最终促使公众做好购买新商品的心理准备。

这是一种先于商品面市进行的营销活动,主要目的并不在于对商品本身进行营销,而是对公众的消费观念进行引导、影响或者改造。

概念营销着眼于公众的理性认知与情感欲望的相互结合,通过导入消费的新观念进行商品销售市场的"预热"。目的是使公众对尚未在市场上露面的商品有深刻的印象,形成先入为主的概念,有利于商品面市后的销售。

概念营销获得成功的关键是:公众不但应该对即将上市的商品有鲜明的功用概念、特色概念、品牌概念、形象概念、服务概念,而且企业传播的这些概念要能够说服公众,让公众从认知上赞成、认同企业的这些宣传。

(二)概念营销的心理基础

概念营销认为,公众之所以在商品还没有面市之前,就决定购买该商品,是因为公众接受了该企业灌输的新的消费观念。因此,如何利用营销心理的规律,把新的消费观念植入公众的头脑,说服公众在观念上接受该商品,就需要营销人员发挥创造性了。

从心理的角度来说,公众头脑中对未上市商品建立起来的概念,是形成或改变公众消费态度、引导公众购买意向的基础。

二、概念营销的积极作用

(一)节约企业营销成本

一般来说,企业的营销成本大约要占整个商品成本的30%~40%。这是非常大的一笔费用。能不能既减少营销成本,又不影响商品的销售,这是营销人员必须思考的一个问题。

概念营销战术的发明,从某种意义上可以降低营销成本。

1. 缩短产品导入期

产品生命周期规律指出,新的商品投放市场后,都必须经过一个较长时间的导入期。在导入期,不但商品的销售额很少,而且因为新产品研制过程投入的大量费用不可能通过销售收回,所以一般都是"负利润"。如果能够缩短商品的市场导入期,那就意味着商品获利期的提早到来。这显然有利于企业投资成本的快速回笼,有利于企业技术储备的良性循环。

2. 验证公众对新产品的接受程度

新产品开发能否成功,不是企业领导说了算,而是市场说了算。这就需要公众在思想上接受新产品的消费观念,对新产品有深刻的印象和良好的评价。概念营销得到的公众反馈意见如果是积极的,就可以提高企业开发新产品的信心;公众反馈的意见如果是消极的,就可以作为改进新产品功能的依据,从而使新产品的定型试制,能够和公众的消费需求吻合。同时,还可以为以后的营销活动打下营销心理的基础,例如适当降低公众不切实际的心理预期,引导公众对商品有正确的认知,缩短交易双方的心理距离等。

3. 停止或者延缓新产品的研发

概念营销实际上也可以认为是企业对公众的一种心理测试。某种产品即使有技术的合理性,也不意味着它一定有市场的价值性。市场的价值性是由公众对新产品的积极态度决定的。如果公众对新产品的态度是消极的、否定的,企业就应该停止或者延缓新产品的研发,认真分析公众对新产品不感兴趣的原因。如果新产品不符合公众的需要,就应该坚决下马,不能盲目投产。先期投入用于概念营销的成本,虽然成了"沉没成本"[①],但是却可以避免企业遭受更大的损失。如果是因为改变公众的消费习惯尚需时日,则应该通过更强有力的概念营销手段,促使公众消费观念的转变,或者延缓新产品的上市,等条件成熟时再择机入市。

案例 爱迪生的第一个专利产品

大发明家爱迪生发明的第一个专利产品是议会用的自动表决机。这是一个有绿色和红色按钮的机器。绿色按钮表示"同意",红色的按钮表示"反对"。样机制造出来以后,爱迪生到华盛顿国会大厅实地考察机器的性能。试验的结果很成功,可以提高国会议员的投票表决效率。爱迪生认为它一定会受到国会议员们的欢迎。可是国会议员却告诉他,他们无意加快会议的议程时间。因为有的时候延缓投票的速度,是政治上的需要。于是,爱迪生的第一项发明也就被束之高阁。

从此以后,爱迪生明白了一个道理:"发明家脑子里想出来的发明,多半是不实用的。只有从社会需要自然产生出来的发明才有意义。"于是他决定,从此再也不搞公众不需要的任何发明。

如果爱迪生在发明自动表决机之前,先放出"概念营销"这个试探气球,测定一下市场态度,那么他一定不会先造出样机去国会大厦试验,而是直接放弃这个发明,节约制造费用。

(二) 改变消费者的思维定式

公众的消费心理在思维定式的影响下,往往不可能在短期内改变。要公众接受一个新产品,必然需要较长的心理转变过程。概念营销可以先期介绍新产品的特点,既适应了公众"喜新厌旧"的心理,又使公众对未来的市场变化有比较充分的心理准备。因此,概念营销实际上为公众提供了一个新产品的心理适应期,给公众改变原有的消费习惯和思维定

---

① "沉没成本"是指不可能通过商品销售回收的费用。

式,重新进行选择、思考,提供了比较充裕的时间。

（三）概念营销是饥饿营销的前提

通俗地说,饥饿营销就是"吊公众的胃口"。饥饿营销既可以对企业原有的商品实施,也可以对企业的新产品实施。如果要对企业的新产品实施饥饿营销战术,概念营销就是必要的前提。

公众在新产品还没有上市之前,就形成了对新产品的心理期待。一旦新产品上市,企业就可以通过面市报道、缺货抢购等信息的传播,很快形成新产品饥饿营销的局面。苹果公司是利用概念营销进行饥饿营销的行家里手。一个成本只要 150 美元的 iPhone4 手机,通过概念营销和饥饿营销两种营销战术的综合运用,零售价格高达 500-800 美元。

三、概念营销的局限性

（一）概念营销投入的费用较高

概念营销宣传、介绍的是公众现在并没有看到的商品。概念营销这种天然的缺陷,使营销人员即使付出再多的劳动,也很难改变公众"耳听为虚,眼见为实"的心理习惯。公众会觉得概念营销在脑子里产生的只是一种"雾里看花"的朦胧感。

尽管人的感觉常常会产生错觉,眼睛看到的东西,也不一定就是事实。可是从营销心理的角度来看,人们对没有实物展示的营销活动,肯定是将信将疑,甚至完全不相信。特别是在诚信缺失、骗子众多的商业环境里,要想使公众相信一个现在并不存在的、只有某个概念的新产品,难度可想而知。公众在不清楚概念产品的具体含义时,当然不会轻易改变原有的消费观念。因此,概念营销的费用要比成熟商品的营销费用高得多,也是情理之中的事情。

高昂的营销费用,并不是所有企业都能承受的,所以对供应低值易耗品的商家来说,根本没有必要采用概念营销战术。只有那些相对高价的高科技新产品、市场竞争特别激烈的新产品、产品生命周期比较短的新产品,以及定位在中高档次的耐用品和奢侈品,才有可能需要概念营销。

（二）概念营销的市场风险大

1. 成本—收益的市场风险

新产品在投入市场前,可能有比较乐观的市场预期。但市场是瞬息万变的,等到新产品实际上市时,市场形势可能已经发生了人们不可预期的变化,例如全球性金融危机的发生。这样,新产品研发的费用和概念营销高昂的营销费用,就有可能面临血本无归的风险。

概念营销活动的费用预算应该精打细算。新产品尚未上市的前期营销费用应该适度,营销目标应该明确;新产品上市后,概念营销应及时转为一般的广告营销;新产品进入销售成熟期时,应该在降低营销成本方面狠下工夫,使商品价格更有市场竞争力。特别要防止先期投入的营销费用特别多,后来的营销费用却特别少,这种先强后弱的概念营销宣传,必然会使企业功亏一篑。

2. "为他人做嫁衣裳"的市场风险

如果新产品没有核心竞争力①,那么新产品一旦上市,仿冒者就会在极短的时间内进入市场,分割、侵吞企业本来可以独占的市场。这些后来者并没有支付高昂的概念营销费用,却可以"不劳而获"地"下山摘桃"②。

市场经济的实践证明,第一个把新产品推向市场的企业所得的"第一桶金",不一定能赚得盆满钵满。相反地,往往是第二个进入市场的企业能够坐收其利。因为第二个进入市场的企业既不用支付高额的概念营销费用,就可以使公众接受新产品,又可以避免新产品试制的技术风险。

概念营销搞得不好,就有"为他人做嫁衣裳"的可能。为了避免这样的风险,企业在实施概念营销之前,就应该考虑如何为市场的追随者设置进入市场的技术壁垒、营销壁垒、标准壁垒、资本壁垒等,使他们不能在短时间内进入企业实施概念营销商品的未来市场。

3. 新产品不及时上市的市场风险

在实施概念营销时,营销人员往往会对公众做出新产品上市的口头承诺。可是营销人员并不清楚生产方面的事情,更不知道有哪些不确定的因素会使新产品不能按时上市。这就会在市场上造成思想混乱,使公众怀疑企业的技术水平,或者怀疑企业的营销信誉。概念营销一再失信于民,就会产生"狼来了"的市场心理效应。

4. 产能限制的市场风险

营销人员在实施概念营销时,应该非常清楚企业批量生产的产能与渠道经营的能力,是否能跟上市场销售的步伐。企业必须储存足够数量的原材料和其他营销资源,以适应市场需求迅速上升的变化。

如果企业的产能不能满足市场的需要,或者营销渠道不畅,虽然会有一定的饥饿营销的效果,但是这种市场真空,必然会引起顾客的不满,也容易诱使大量的模仿者乘虚而入,抢占市场。

案例 万燕公司——概念营销的悲催英雄

现在,可能已经没有人会知道万燕公司。可是如果提起VCD,可能很多人都知道。

1992年4月,美国国际广播电视技术展览会在美国拉斯维加斯举办。这是当时世界上规模最大的电视技术博览会。时为安徽现代集团总经理的姜万勐,带着同事赴美观展。在一个2平方米的展台前,美国C-CUBE公司的员工正在介绍他们研发的MPEG(图像解压缩)芯片,引起了姜万勐的极大兴趣。姜万勐一连三天围着这个展台转来转去,对这项不起眼的技术他浮想联翩。他直觉地认识到,世界电子产品的技术趋势是从模拟技术转向数字技术。利用MPEG技术可以把图像和声音同时存储在光盘上,制成

---

① 核心竞争力是企业能够长期获得竞争优势的能力,是企业特有的、能够经得起时间考验的、具有延展性的特点,并且是竞争对手难以模仿的技术、能力、资源、人才、营销等经营要素。

② 抗日战争胜利后,毛泽东曾批评蒋介石抢夺抗战的胜利果实是"下山摘桃子"。现在常把那些没有付出辛勤劳动,却要争夺胜利果实的人叫"下山摘桃派"。

音像视听产品 VCD,这就可以替代、结束磁带录像机的市场地位。

在数字压缩技术出现之前,存储图像信息所占的磁盘空间很大,成本非常昂贵,当时每张 LD 光盘的价格是 400~500 元,这是一般家庭消费不起的。

此后,姜万勐先后出资 57 万美元进行试制。想要用美国 MPEG 技术研制视听新产品。1993 年 9 月,把 MPEG 技术成功地应用到音像视听产品上,研制出世界上第一台视听产品——VCD。同年 12 月,他与美国 C—CUBE 公司董事长孙燕生共同投资 1700 万美元成立万燕公司。

在新产品还没有上市前,万燕公司做了一系列的市场调研工作,得到一组令人兴奋的数字:1993 年中国市场上组合音响的销售量是 142 万台,录像机的销售量是 170 余万台,LD 影碟机 100 万台,CD 激光唱机是 160 余万台。万燕公司研制的 VCD 机所需要的光盘价格只要 40~50 元。公司预测,VCD 机每年的销售量将达到 200 万台左右。于是万燕公司迫不及待地进行广告宣传(今天我们才知道这叫概念营销)。由于万燕公司在概念营销中过多地透露了 VCD 的技术构想,引起了同行的极大关注。万燕公司第一批推向市场的 1000 台 VCD 机,几乎全被国内外的家电公司买去做了样机,成为技术解剖的对象。加上当时万燕公司没有专利保护意识,结果他们费尽心机开发出来的很有市场前景的产品,却为他人做了嫁衣裳。到 1994 年年底,中国的老百姓才对 VCD 逐渐有了概念。可是当时万燕公司一个月的产能就只有 2000 台,年生产量只及预计市场容量的 1%。显然,万燕公司概念营销的宣传与企业的产能完全脱节。

1995 年,国内外仿制的 VCD 机大举进入市场。VCD 的广告铺天盖地,仅砸向央视的广告费就高达 10 亿元。价格战持续升温,市场竞争呈现疯狂厮杀的态势。到 1996 年,全国 VCD 机销量超过 600 万台。短短 5 年时间,VCD 的社会消费总量达到 2000 万~3000 万台,年产值达到 100 亿元以上。可是本来应该掘得第一桶金的万燕公司,VCD 机的市场占有率却不足 3%,不但失去了市场领导者的地位,而且当爱多、新科、万利达等企业崛起后,万燕就被无情地排挤出了市场。只 3 年时间,万燕公司的 VCD 机就"无可奈何花落去"了。万燕公司由于前期研究开发的投入高达 1600 万美元,出厂成本每台 360 美元;再加上 2000 万元人民币的广告费用,每台 VCD 售价 5000 元,企业仍然无利可图。

"万燕"倾其全部财力,开创了 VCD 市场,确立了当时独一无二的品牌,形成了一套成型的技术,却无法独霸 VCD 天下,这就是悲催英雄的市场形象。

"万燕"让中国的老百姓知道了 VCD 的概念。可是"下山摘桃子"的却是深谙市场秘诀的广东人。由于 VCD 整机组装的技术简单,又不需要多少投资,当时也没有生产许可证的限制,于是广东人高高兴兴地在市场上收获"第二桶金"。

爱多公司就在这样的市场环境中迅速崛起。1995 年 4 月,当"万燕"耗巨资推出第一代 VCD 产品后一年,胡志标筹集 80 万元资金,在中山市东升镇成立"爱多"公司。6 个月后,胡志标用散件迅速组装整机,根本没有研究开发费用和前期市场概念营销费用的投入。

1995年11月,"爱多"广告跳进中央电视台,又以420万元的价格请影视巨星成龙拍广告,后期制作又投入近百万。1997年又以2.1亿元夺取中央电视台广告标王。

"爱多"与"万燕"两家,虽然同样投资5个亿生产VCD,但是效果却截然不同。万燕"创造"了VCD,可是资金却沉淀于技术开发和开拓市场阶段;爱多"销售"VCD,丰厚的市场回报鼓了"爱多"的钱包。1996年10月,钱包已经鼓起来的"爱多",无情地掀起了多次价格战。每台VCD降至1500元。"爱多"VCD系列产品的价格累计降幅高达45%,扩大了市场份额,稳坐龙头老大的位置。把"万燕"逼入绝境,只得倒闭销声匿迹。

课堂讨论

同学们看了上述案例以后,心里是什么感觉?又应该吸取什么样的教训?

(三)概念营销不容易掌握营销尺度

概念营销的艺术,在于营销人员在营销过程中,必须掌握"实事求是"和"留有余地"两者的平衡。既要激起公众对新产品关注的热情,产生认知探求的心理渴望,利用人们求新、求异、求奇的心理对新产品进行尝试消费,又要防止把新产品说得十全十美,使自己陷入无法兑现承诺的绝境。

过于低调的概念营销,很难引起公众的兴趣,也就不可能得到概念营销的目的;过于高调的概念营销,又容易引起公众对新产品产生不切实际的过高期望,从而提高使用新产品时的心理满意度阈值。过分夸张的概念营销,甚至会引起公众的质疑,反而会产生负面影响。因此,在介绍新产品时,必须要留有改进产品性能的余地,留有在销售新产品时调整营销策略的余地。

(四)概念营销与保护商业机密

概念营销抢占市场先机的目的非常明显,可是这种营销方式也容易引起竞争者的注意。竞争者也是行业里的佼佼者,他们只要看到一片云彩,就可以判断出会不会下雨。因此,概念营销在介绍新产品时,特别要注意防止激发竞争者产生研制同样的新产品的热情,更不能透露或者暗示新产品的核心机密。因为营销人员根本不可能知道有没有竞争者的商业间谍混迹在公众之中,他们会比一般的公众表现出更大的热情和兴趣,千方百计从营销人员的口中套取商业机密。因此,概念营销只能"点到为止"。只对新产品的创新重点予以介绍,切忌全方位、多视点地详细介绍。只要能让公众在心理上接纳新产品的概念就可以了。

(五)概念营销不能忽悠公众

在概念营销成功案例的激励下,现在不少企业开始注意运用概念营销战术了。可是,很多所谓的概念营销,实际上是在忽悠公众。

第五章 营销活动的思维与概念

案例　大豆被、牛奶被、竹炭被、芦荟被

同学们都知道大豆、牛奶、竹炭和芦荟这些东西,可是有几个同学知道大豆被、牛奶被、竹炭被、芦荟被是什么呢?

同学们可能会直觉地猜想:大豆被是用大豆做成的被子,牛奶被是用牛奶做成的被子,竹炭被是用竹炭做成的被子,芦荟被是用芦荟做成的被子。

我们先看看商家的销售人员是如何向顾客进行概念营销的:

"这些'被子',不但保暖透气,而且有保健、美容、养颜、安眠、润肤等非常'神奇'的功能,是企业新开发出来的、最有益人体健康的'被子'。"

销售人员会向顾客详细介绍这些"被子"的化学成分和工艺过程,说得头头是道,不由得公众不信。

商家这种所谓概念营销的目的,就是为了颠覆顾客头脑中的"被子"概念,忽悠顾客接受店家销售的这些高科技的"被子"。

在顾客的头脑中,大豆、牛奶、竹炭和芦荟这些商品概念,确实在一定程度上和人体健康相关,所以商家的忽悠很容易形成公众的理解误区。

实际上,这些"被子"都是化学纤维制成的。"被子"的核心价值就是保暖,不可能成为保健品、美容品。这些"被子"经过概念营销的忽悠,价格立马直线上升,标价2450元,即使是商家"搞活动,做促销",打五折后,也要1225元。

可是同学们只要到义乌小商品市场转一下,就可以发现,同样的高科技"被子",也许只要100～200元。

所谓的"大豆被",其实就是从豆渣里提取的再生蛋白质纤维,它虽然有一定的环保价值,但是根本没有保健功能。它的成本也不高,正常"大豆被"的销售价格,在200元以下。

当然,在利益诱惑的驱使下,市场上各种所谓的概念营销,还会以各种形式出现。这不但需要商家自律,不能忽悠消费者,而且需要公众提高思维能力,不受商家的忽悠,避免上当受骗。

第六章 营销活动与人的情感过程

人是感情的动物。人的情绪、情感,对人行为有着极大的影响。利用人的情感过程促进销售,显然是非常诱人的一个新的营销领域。情感的分类见图6-1。

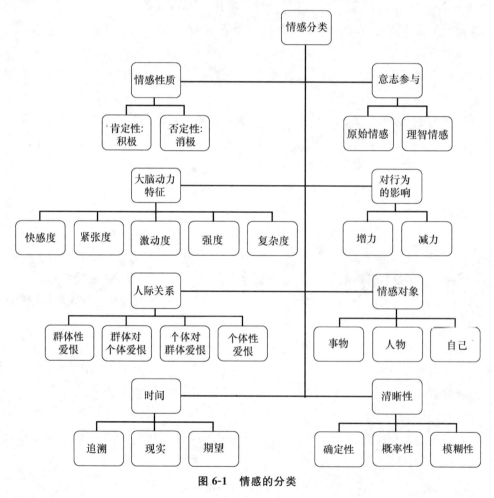

图 6-1 情感的分类

第一节 情感营销

> **案例 一个真实的故事**
>
> 在南京某高档住宅区大门左边,有一个小伙子摆的报摊。他的营销模式是:早上花

1元钱可以买《服务导报》及《经济早报》两份报纸。只要没有损坏,在15点前送还,可以免费换一份《扬子晚报》。在15点后买《服务导报》和《经济早报》的顾客,只需花费0.5元。在他这儿买报纸,1元钱可以看3份报纸。

大门右边有一个卖馒头的姑娘。她的营销模式是:1元钱买2个馒头。有带小孩的人来买馒头时,她总是再赠送一个鸡蛋大小的馒头给孩子吃。

一天,小区贴出了一个告示:小区澡堂关门歇业,场地对外出租。原来这个小区是高档住宅区,24小时供应热水。业主都在家里洗澡,所以澡堂生意非常清淡。

告示贴了3个月,一直无人问津。

有一天,小区的居民突然发现卖报的小伙子和卖馒头的姑娘都没有出档口。原来他们2人合伙以每月2000元的价格租下了这个已经闲置了大半年的澡堂。小区居民对此议论纷纷。有人替他俩算了一笔账:一个月1000元租这个澡堂都不能盈利。

生意正式开张的那天,澡堂的招牌上多了"宠物"2个字。原来他们开的是"宠物澡堂"。在这个小区,至少有500条狗。不久,"宠物澡堂"发展成了"宠物美容院"。有狗部、猫部、鸟部三个洗浴美容厅和一个宠物食品店。服务人员也由他们2个人发展到12个人。为了回馈小区居民的厚爱,小区门口的报摊和馒头档口仍然存在。营销模式也和过去一样。只不过卖者换成了2个老人。一个是小伙子的妈,一个是那姑娘的爸。

课堂讨论

请同学们讨论一下,这个真实的故事给了我们什么启发?

一、什么是情感营销

(一)"情感消费"时代

在买方经济的条件下,商品同质化的结果,使商品的核心价值都能够满足公众的需求。商品的品质已经是市场准入的基本条件,不再是吸引公众眼球的理由。

诺贝尔经济学奖得主、心理学家卡尼曼在总结了人类交易活动的实践经验后指出:顾客的购买活动并不总是理性认识的直接结果,还有相当一部分顾客是在感情因素的影响下购物的。

随着购买力水平的不断提高,公众购物的过程,越来越倾向于顾客个人感情的满足,越来越依赖商品的情感心理认同,从而开启了"情感消费"的时代。

市场既然有"情感消费"的需要,企业的情感营销战术也就应运而生。企业从公众的情感需要出发,通过各种营销活动激起公众的情感需求,使公众和企业的商品达到心灵上的共鸣,进而做出购买决策。

柏拉图说,理智与情感是拉动行为的两匹马,而情感常常是高头大马,理智只是一头小马驹①。

(二)情感营销概念

1. 情感营销的概念

情感营销是指营销人员在掌握人的情感心理发展规律的基础上,通过与顾客的心灵沟通和情感交流,赢得顾客的信赖与喜爱,从而完成交易活动的方法和技巧的总称。

2. 情感营销的本质

情感营销也是一种营销战术。营销人员针对公众的情感差异和需求的不同,通过与公众的心理沟通和情感交流,实施情感设计、情感包装、情感交流、情感商标、情感广告、情感口碑、情感公关、情感价格、情感服务、情感环境等,赢得顾客的信赖和偏爱,进而扩大市场份额,取得竞争优势。因此,情感营销的本质就是买卖双方的心理沟通和情感交流。

3. 情感营销的关键

情感营销的关键是了解公众的心理需求。营销人员在建立、完善客户关系的基础上,与顾客展开深入的、全方位的联系和沟通。情感营销就是要公众动情,让顾客对品牌忠诚。情感营销并不满足于"一见钟情",而是追求"一往情深"、"始终如一"。使顾客喜爱品牌,认同企业的价值观。

美国的克莱布兰德说:"人类是富于情感的生物,在内心深处有与周围的人和世界联系的需求。在我们寻求生存、成功和实现全部管理潜能的努力中,情感起着相当重要的作用。情感为我们的生活带来深度和意义。它在我们内心深处的需求与日常行动的缺口上架设了一座桥梁。"②营销活动只要以情定位,抓住顾客的情感兴奋点,引起他们强烈的感情共鸣,就可以成为企业的核心竞争力。

4. 情感营销的特点

情感营销的特点是"寓情感于营销之中",以情感为市场竞争的利器。高水平的营销活动,应该遵循并运用情感的心理规律,使营销活动更具针对性、艺术性和时代性。情感营销既是实用的营销战术,更是创造和谐人际关系的艺术。

(三)营销与恋爱的共同点

现在已经有越来越多的营销人员感受到:"营销就是与顾客谈恋爱,品牌就是让顾客爱上你。"情感营销的目的,就是要让顾客对品牌产生情感。顾客得到的是企业的商品,企业得到的是顾客的心。

在情感营销的词典中,没有"要公众喜欢",只有公众发自内心的"喜欢";企业认为"商品是什么"并不重要,只有顾客认为"商品是什么"才最重要。

从这个意义来说,恋爱中的男女都是营销专家。因为他们知道在恋爱中,自己应该怎样讨对方的欢心。只要以恋爱之心来处理营销人员和公众之间的关系,就一定可以得到情感营销的真谛。

---

① 柏拉图.柏拉图的智慧[M].北京:中国电影出版社,2007.
② 沈春梅,李海梅.浅谈情感营销品牌[J].理论月刊,2011,(03).

谈恋爱与营销确实有很多的共同点(如表 6-1 所示)。

表 6-1 恋爱与营销的共同点

	恋爱	营销
1	恋爱对象	营销商品
2	确定追求目标	确定目标群体
3	展示特长和优点,引起对方注意	通过商品"卖点"吸引顾客眼球
4	理顺双方家庭关系	整合渠道资源,货畅其流
5	利用一切外围力量(包括闺蜜、发小、铁哥们等),形成爱情的有利环境	发挥口碑效应的心理作用,营造有利的销售环境
6	约会,感情交流	各种营销活动的推动
7	第三者的诱惑(爱情竞争)	其他商品的诱惑(商品竞争)
8	爱情需要培植,爱情忠诚	客户关系需要培植,品牌忠诚
9	及时弥合双方的感情裂隙	完善售后服务

情感是销售活动的润滑剂,是强化客户关系不可缺少的"纽带";情感营销比理性营销更容易获得公众的"芳心"。

二、情感营销的作用

(一)高屋建瓴的营销

情感营销可以帮助企业在商战中跳出低层次的竞争思维,站在更高的层面审视商品营销。很多成功的营销人员有这样的体会:在营销活动中,营销人员大部分的时间是用于与公众、顾客的沟通,特别是和企业的大客户进行情感培植工作,一小部分的时间是为公众、顾客介绍企业的商品。

许多成功的品牌证明,它们获得公众的青睐,不但是因为工艺、品质、技术、科技方面的出类拔萃,而且是因为它们赢得了顾客的信任和好感。在商品同质化的条件下,顾客的信任和好感甚至是顾客购物决策的唯一依据。品牌本身只是一种满足消费者心理需求的符号。感情营销可以使推销变成多余,使营销变得简单。

(二)降低公众对商品价格的敏感性

营销实践证明,当公众对商品品牌没有产生情感之前,他们对商品的价格非常敏感;可是当公众对商品品牌产生情感以后,他们对商品的价格就不再那么敏感了。因此,情感营销可以把公众对商品的关注重点,从商品的价格转移到对商品或者企业的感情。在市场上,有些商品的价格,实际上已经远远超过了商品本身的价值。正是商品的情感因素,使商品产生了溢价。

(三)优化、美化营销环境

舒适、轻松的营销环境,可以使公众在购物时产生好的心情。企业顺应公众的这种心理需要,越来越重视营销环境的优化。顾客通过购物环境的气氛、美感、品味、舒适、享受等信息,也可以看出企业的综合实力。

一个温馨、和谐、充满情感的营销环境,不但可以树立企业的良好形象,而且有助于企业和公众之间的情感交流。

（四）培育顾客的品牌忠诚度

顾客的品牌忠诚度,除了商品有过硬的质量、能满足市场需要和成功的营销战略、战术外,还与顾客的心理因素有密切的关系。

情感营销采用"攻心为上"的战略,满足顾客情感上的需求,获得顾客心理上的认同,从而形成消费偏好,成为企业品牌的忠实追随者。这样,情感营销也就成了战胜竞争对手的强有力武器。

三、情感营销的局限性

任何营销战术都有正反两面,情感营销也是这样。不能说实施情感营销就能解决营销中的一切问题。情感营销也有明显的局限性。

（一）增加企业成本

情感营销在商品包装、店面装潢、促销力度等外在的形式方面要有大量的费用投入,这些费用都是要打入商品价格的,从而削弱了商品价格的竞争力。同样品牌的商品,在气派的大商场里的售价是简陋路边店的几倍乃至十几倍的现象就不难理解了。

企业如果过多地注重商品外在的情感因素,也有可能忽略提高商品的核心价值。情感营销投入的费用,如果不能从销售中得到回报,企业就不可能得到可持续性的发展。

（二）非理性消费

情感营销的特点是"煽情",强调的是满足公众的内心需要,它会使顾客产生"冲动购物"这种非理性消费现象。这就会造成顾客"不是为购物而购物,而是为情感冲动而购物"。如果顾客因为一时"动情"购买了他们不需要的东西,就是一种社会资源的浪费。

商家过分注重情感营销,实际上也是宰向顾客的"温柔一刀"。然而顾客并不是可以随商家任意摆弄的"傻子"。他们可能在商家的忽悠下,"一时兴起"购买了他们不需要的东西。等到他们的情感高潮退去以后,顾客的心理就会觉得不平衡,认为这是一次"不值得"的购物。对于绝大多数的顾客来说,除了购买那些纯粹属于享受型的服务以外,他们购物的目的还是为了商品的使用价值。过度的情感营销,显然不利于顾客重复购物行为的发生。

四、情感定位

现代心理学研究认为,情感能叩开人们的心扉,引起人们对情感源的注意。因此,情感因素是促使公众心情愉快地接受外界信息的触发器。情感因素可以使原来处于休眠状态的认知被激发起来。

（一）为什么会产生情感定位的问题?

情感营销虽然只是企业的一种营销战术,但是它也涉及情感"定位"的战略问题①。

---

① 战略与战术的概念,在一定的条件下可以相互转换。这正是辩证思维的要点。这里所说的情感营销战术中的战略问题,指的是对情感营销进行全面细致的"战略"思考。

情感定位的含义是：企业在采用情感营销时，究竟希望在哪个方面或者哪些方面与其他企业有差异？

企业之所以会产生情感定位的问题，其原因是：

第一，企业在情感营销方面投入的营销费用是有限的。如何最大限度地发挥有限的资金效益，显然是每个精明的生意人都必须考虑的问题。

第二，人的情感有多方面的表现。既可以表现为亲情、友情、爱情，也可以表现为爱国、爱生活、爱自然。可是人的情感表达却具有对象性的特点。对恋人的情感表达，显然不同于对国家的情感表达；对自然的情感表达也不会与对朋友的情感表达一样。因此，必须针对特定的目标群体进行情感营销，才是最合适的情感营销。商品如果没有明确的情感定位，就有可能使情感营销"表错了情"，成为"隔靴搔痒"式的情感表达。

第三，随着环境的变化，人的情感需要也会发生变化。当人处于困难的环境条件时，他最需要的情感就是帮助；当人处于情绪低落的状态时，他最需要的情感就是鼓励；当人处于顺水顺风的环境条件时，他最需要的情感就是赞美。因此，商家应该善于发现公众环境条件的变化，适时地给公众最需要的情感营销关怀。

商品的"个性"千差万别，企业营销活动涉及的面又很广，这就使得情感定位成为营销人员必须研究、考虑的重要问题了。

案例　可口可乐的情感营销

作为外来文化代表的可口可乐，要想立足中国市场，情感营销是最实用的营销战术。

可口可乐凭借其多年在世界市场的销售经验，对政治、经济、体育等重大事件有高度的敏感。可口可乐在中国入世、中国申奥成功、中国足球世界杯比赛等关键时刻，表现出了极大的关心和热忱。通过具有中国化特点的乡土、乡情的传播，取得了与中国公众沟通的良好效果。

2001年7月13日，萨马兰奇宣布北京为2008年奥运会主办国的话音刚落，可口可乐特别设计的祝贺北京申奥成功金色纪念罐的生产线就全面启动。金色纪念罐的广告设计，体现了浓厚的中国特色：以中国代表喜庆和胜利的红色和金色为主色调，融入了代表中国文化的长城、天坛以及北京各种标志性的建筑，再加入各种运动画面，把成功的喜悦，体育的动感，奥林匹克更快、更高、更强的体育精神，以及可口可乐的企业文化有机地结合在一起。罐口写的大字是："为奥运牵手、为中国喝彩"。可口可乐和中国一起庆祝这个历史时刻的情感营销，赢得了中国公众的一致认同。

可口可乐大量使用中国影视界、体育界的明星做广告，也使公众在不知不觉中与可口可乐拉近了情感的距离。

为了情感营销的需要，可口可乐一直在尝试进行适应中国国情的本土化改变。所有中国可口可乐装瓶厂使用的浓缩液，都在上海制造；98％的原材料在中国当地采购，每年费用达8亿美元；自1979年可口可乐重返中国市场至2009年，可口可乐在中国市场累计投资16亿美元；与中粮集团、嘉里集团和太古集团紧密合作，在全国各地建立了42

个装瓶公司及35家厂房。可口可乐中国系统员工超过48000人,99%的员工为中国本地员工;2010—2012年,投资总额超过30亿美元;2012—2014年,新宣布40亿美元投资,显示可口可乐对中国市场的高度重视。

可口可乐公司的情感营销离不开中国文化的元素。春节是中国最重要的节日,是合家团聚的日子。可口可乐选择典型的中国情境进行广告拍摄,既体现浓郁的中国传统风味,又传达出中国浓厚的亲情文化。刘翔主演的新年贺岁广告"带我回家",用非常中国化的笔触,生动自然地叙述了刘翔"回家过年"。故事内容抓住了中国人的情感特色:"回家过团圆年"的愿望。饺子、吉祥物阿娇与阿福、喜庆的红色、轻快的音乐背景、大团圆的聚会场景,迎合了中国公众盼望春节团圆的情感心理。

中国汶川大地震后,可口可乐公司在第一时间向灾区无偿运送上万箱饮用水及几百把大伞,捐款2000万元人民币,以解当地群众燃眉之急。汶川地震后,可口可乐公司又再次追加8000万元人民币的捐款,帮助新建50所学校。可口可乐(中国)饮料有限公司总裁戴嘉舜说:"我们万分焦急并时刻挂念着灾区人民,我们愿意为灾区人民献出一份爱心。我们希望这些捐款能为灾区人民解难并彰显我们的爱心。可口可乐将与灾区人民同舟共济,共渡难关。"

可口可乐公司热衷中国"希望工程"20年,援建希望小学超过100所,为希望工程捐款超过1.5亿元人民币,超过8万名农村贫困地区儿童受益。可口可乐这样做的目的是:把快乐带给每个孩子,为孩子、社区和环境提供持续的关爱和支持,使更多的中国人相信:"可口可乐并不只是一种饮料,而是一位朋友。"

可口可乐公司建立了一套完整的教育援助体系,创建了第一个专门为希望学校设立的大、中、小学生奖学金制度,为农村上千名家庭困难的学生提供从小学、初中、高中到大学,乃至更高层的受教育的机会。可口可乐还为希望学校的孩子们创造了解社会、接触社会的机会。1996年,可口可乐选拔3名希望工程的孩子作为1996年亚特兰大奥运会火炬手,进行火炬传递,并接受联合国秘书长特派专员的接见。这是希望工程第一次介绍到国外。希望工程孩子们的优秀表现得到了联合国秘书长特派专员的赞扬。之后,可口可乐借助奥运会的平台,多次选拔希望工程援助的中学生和大学生,到世界各国参加奥运会火炬接力。

为了让孩子们接受更好的教育,可口可乐公司每年邀请全国上百名希望小学的老师,到北京、上海参加由中国青少年发展基金会组织的集中培训。从而保证希望学校教育的可持续发展。

2009年,可口可乐中国公司获得了中国青少年发展基金会颁发的"希望工程二十年特殊贡献奖"。

中国青少年发展基金会秘书长涂猛先生高度评价可口可乐公司对希望工程发展做出的卓越贡献:"可口可乐1993年开始参与希望工程,是参加最早,也是支持成效最为显著的跨国企业之一,它是第一个将希望工程介绍到国际上,第一个创建网络学习中心,第一个提倡教师培训等。可口可乐公司极大地推动了希望工程的创新发展及国际化进程，我们认为可口可乐是希望工程最佳的公益伙伴之一。"

可口可乐致力于长期为中国社会创造美好的未来。参与涉及教育、环保、救灾、扶贫、就业等许多全国性和地区性的可持续发展项目，捐资总额超过2亿元人民币，成为中国社会公益事业最积极的倡导者和参与者之一。

可口可乐在努力推动经济、环境和社会可持续发展的同时，也获得了巨额的商业利润。

(二) 情感营销的市场定位

情感营销的最高境界是使原来没有生命的商品具有情感色彩，唤起顾客对商品的感情或者情感的共鸣[①]。

1. 文化的营销定位

文化是一个社会物质文明和精神文明的总和与积淀。商品的情感营销如果定位在某个社会的文化层面，就可以被这个社会的公众喜闻乐见。充分利用中国悠久的文化开展营销活动，可以拉近商品与中国公众之间的距离，密切企业与顾客的情感。这种情感营销的定位，对外来企业和商品品牌显得尤其重要。

案例　红豆生南国

文化是人类情感最好的激发因素。唐代诗人王维有诗云："红豆生南国，春来发几枝。愿君多采撷，此物最相思。""红豆"二字寄托了人们多少相思之情。以"红豆"命名的衬衫一上市，就受到了不同层次顾客的青睐：有一点文化知识的人，由"红豆"联想到王维的"红豆"诗，因怀古而激起购买欲；老年人把红豆衬衫看作是吉祥物；年轻人把它作为信物或者礼物馈赠给配偶、情侣；海外华人把它作为思念故乡的情感寄托。

---

① 感情(包括情绪)，是人对外界刺激的各种感觉、思想和行为的综合性心理反应。它可以通过人的各种生理状态表现出来。通常与人的生理需要相联系，是某一具体事物的价值关系在人头脑中的主观反映。生理需要的满足与否，可以直接导致人的感情变化。例如美食使人愉快，美酒使人亢奋等。感情具有较大的情境性和暂时性，往往会随情境的不同，或某种一时需要的出现而发生；也会随情境的变迁，或某种一时需要的满足而减弱、消逝。感情有较多的外显性和冲动性，激烈的感情甚至是人的意志难以控制的。

情感是人生观的一个部分，具有内向感受的特点，是一种比较复杂又很稳定的生理评价和人生体验。通常与人的社会需要相联系。如劳动的需要、购物的需要、交往的需要、友谊的需要、求知的需要、道德的需要等。社会需要的满足与否，使人产生情感，如亲情、友情等。情感是基于个人对主客观关系的概括，以及有比较深刻的认知而形成的一贯态度，因而具有稳定性和深刻性。情感没有非常明显的外部表现，常常以一种微妙的方式流露出来。情感始终处于意识的支配之下，被认为是个性的结构或个性的表现。

感情和情感虽然在心理上有一定的差别，但是这种差别是相对的。在实际生活中，它们往往交织在一起，很难严格区分。因此，在一定的意义可以简单地说，感情是情感的外在表现，情感是感情的本质内容。一般说，情感的产生总会伴随一定的感情变化；感情的变化也会受情感的支配。在营销心理中，为了强调商品与公众之间主客观关系的稳定性，强调顾客忠诚是公众在对企业和商品有比较深刻的认知基础上而形成的一贯态度，所以采用情感营销这个概念。

> 红豆集团以"红豆"立誉,以"红豆"传情。把中国的传统文化传向世界,从而征服了公众的心。"红豆"衬衫很快成为全国十大名牌商品之一。原来名不见经传的乡镇企业,一跃成长为拥有亿元固定资产的现代化企业。
>
> "杜康"、"孔府家酒"、"茅台"、"同仁堂"这些商品品牌,无不浸透着浓浓的中国文化之情。利用文化搭台,经济就可以唱戏。既可以在一定的程度上满足顾客对文化的需求,又可以借助文化打开市场营销之门。

2. 个性的营销定位

商品如果能集实用、装饰、艺术、欣赏、情感于一体,那么商品就不再是冷漠的物体,而是能够和人的生命融为一体的有情感、有灵性、有生命的东西。

"金利来,男人的世界",引起多少男人的情怀;"万宝路"又使多少男人心生豪情;"飘柔"使多少女人对飘逸的秀发心向往之等。

顾客在购买商品的时候,不但要求商品具有实用功能,而且要求商品具有满足自身情感需求的个性化属性。

案例 爱她,就送她卡地亚珠宝

> 卡地亚珠宝现在已经成为奢华与真爱的象征。它历经了160多年风雨,创作出了无数光彩夺目、极有个性的优秀作品。
>
> 1936年12月,即位不到一年的英国国王爱德华八世,被英国朝野称为是一个"不要江山要美人"的君主。他为了跟离异两次的美国平民女子辛普森夫人结婚,毅然宣布退位成为温莎公爵。温莎公爵为了表达自己对辛普森夫人的爱情,特地请卡地亚公司为公爵夫人设计有个性的珠宝首饰。
>
> 这个任务落到卡地亚设计总监珍妮的身上。温莎公爵的爱情故事深深地感动了她。她对珠宝的设计理念是回归自然,从动物和花卉中寻找灵感。她决定到美洲丛林寻找设计元素的灵感和情思,用一种全新的风格来诠释温莎公爵的这种爱。
>
> 她将自己全部的感情融入珠宝设计,设计出"BIB"项链、"老虎"和"鸭子头"胸针等一系列珠宝饰品。回到英国以后,一个装有57件卡地亚首饰的珠宝盒被送到温莎公爵夫人手中。她被设计师在珠宝首饰上所诠释的爱感动得泪流满面。
>
> 因为一段传奇的爱情故事,成就了卡地亚珠宝的个性化品牌。

3. 情感的营销定位

尽管任何一个顾客都知道,购物和实现自己的梦想,完全是两回事。可是却仍然有很多人觉得,他们从购买商品和消费过程中,获得了某种心理享受,得到了一些情感的慰藉,似乎有了一种心灵的归宿。

在每个人的生活中,或多或少会感受到各种心理压力。从心理规律来说,有心理压力就必须要有心理宣泄的渠道,否则会对身心健康造成危害。购物,恰恰可以为人们提供一个宣泄心理压力的渠道。

俗话说,"人非草木,孰能无情"。如能恰到好处地以"情"作为商品或者广告的诉求点,就一定能够争取人心。

案例　用电话传递您的爱吧!贝尔电话。

一天傍晚,一对老夫妇正在餐厅用餐。电话铃响,老夫人到卧室去接电话。

老夫人回到餐厅后,老先生问:"谁的电话?"

"女儿打来的。"

"有什么事?"

"没有什么事。"

老先生惊奇地问:"没有什么事,从几千里外打来电话?"

老夫人呜咽道:"她说她爱我们。"

老夫妻俩顿时无言,激动不已。

这时出现广告旁白:"用电话传递您的爱吧!贝尔电话。"

这是一则用情感来定位情感营销的经典广告。它以脉脉温情打动了成千上万父母的心,也是亲情最好的诠释。

情感广告的魅力,使许多企业纷纷仿效。如孔府家酒请巩俐煽情地诉说"孔府家酒,叫我想家",又请刘欢唱出"千万里,千万里,我回到了家等"的歌声。

4. 惊喜的营销定位

伟大的发明在实验室里产生,伟大的商品则是在营销过程中产生,惊喜可以让公众体会到商品的伟大。情感营销其实就是一种人文的关怀,一种心灵的感动。在一个越来越商业化的社会,关怀和感动似乎成了稀有资源。哪个企业能够有效地利用这种稀有资源,就可以获得公众的心。

案例　免费的婚车

汽车经销商的促销活动五花八门,可是借婚礼做情感营销,在国内豪华车市场中,克莱斯勒 300C 是始作俑者。

从 2006 年"十·一"期间开始,每到婚礼高峰期,北京街头就会频频出现一支由克莱斯勒 300C 组成的特殊婚车队伍。

克莱斯勒 300C 高贵优雅,搭载着甜蜜幸福的新郎新娘,接受人们的羡慕和祝福。白色车象征"白头偕老",黑色车象征庄严、承诺,300C 象征"三生三世,百年好合"。

最让人惊喜的是,这些婚车由奔驰销售商免费提供。这是独出心裁的情感营销。

在中国的婚礼上不乏豪华车队的身影,可是这种豪华车队,要么是友情赞助,要么是向婚庆公司以不菲的价格租赁,从来没有听说过可以由经销商免费提供的。

北京奔驰-戴克北方销售区域,7年来已先后组织了近百次免费婚车的情感营销活动。该公司还准备通过网络投票、经销商报名等多种方式衍生出更多的情感营销活动项目。

在公众婚庆的喜悦之中,高贵的克莱斯勒突然迸发出一种和谐、友好、积极的情感因素,克莱斯勒300C浪漫与激情的品牌特征,也就随之深入人心。克莱斯勒300C正是瞄准了人们的情感心理,把自己的品牌基因植入中国公众的婚礼仪式之中。

克莱斯勒的情感营销立刻被各个汽车经销商仿效:

2011年10月,长沙出现了这么一条广告:"亲,免费的婚车队要不要?"即日起到东风雪铁龙特约店看车登记,就有机会免费获得由30台世嘉车组成的"世嘉迎亲车队",为婚礼添彩。

2012年10月,南宁鑫广达北京现代店打出一个有点长的广告词:"你还在为没有婚车结婚而烦恼吗?你想和你的爱人乘驾婚车接受万人瞩目吗?你渴望有个新潮时尚的轿车助你完美的婚礼吗?现在,鑫广达北京现代店帮你实现这一切"。该店推出朗动婚车计划。公司提供6台红色最新潮、最时尚的朗动轿车,帮助那些没有婚车,却渴望有一个完美婚礼的新郎新娘圆梦。

2012年11月,边远的呼和浩特市斯巴鲁汽车,也策划了以"见证爱情,领航幸福"为主题的情感营销活动。"为您免费提供婚车啦!即日起,只要您是准新人,就可到本店报名申请斯巴鲁免费婚车!让我们的婚车,为你们的婚礼增色;让我们的祝福,见证你们的幸福;本次活动面向呼和浩特及周边地区的社会大众。"

观察与思考

同学们看了这个案例以后,有什么启发?请与全班同学分享自己的心得。

第二节 微笑营销和言语营销

一、微笑营销

(一)微笑是情感营销之首

微笑虽然只是人的一种表情,但是这种表情可以传递友善、欢迎、欣赏、赞许等各种心理情感,一直以来,商家都很重视微笑待客。现在,在情感营销中又发展出了微笑营销。

"微笑效应"是微笑营销的基础。

真诚的微笑,有一种不可遏制的向心力。任何人都喜欢他人的微笑。微笑,是和善的信号,友谊的桥梁,礼貌的表示,真诚的欢迎。微笑可以引发他人产生积极的心理反应——愉快的心绪和美好的联想。这就是"微笑效应"。

在营销活动中,微笑可以表示营销人员对顾客的友善、和蔼、热情、欢迎等正面的心理感情。营销人员的一个微笑,立刻可以缩短买卖双方之间的心理距离,化解过去的误解,消除顾客的疑虑和不安,使顾客希望被尊重的心理需求得到满足。顾客在良好的心境条件下,就很容易接受营销人员对商品的提议、提示或推荐;微笑还可以表示营销人员对顾客观点的赞同。

营销心理学家通过研究得出这样一个结论:如果营销人员能够享受营销过程的快乐,那么幸福感就能提升 10%~15%;如果营销人员能不吝惜自己的微笑,亲切地对待每一个顾客,那么幸福感就能提升 20%~25%。因此,微笑是情感营销之首。

案例　39 种微笑

在日本寿险业,原一平是一个声名显赫的人物。日本近百万的寿险从业人员,没有一个人不知道原一平。他的一生充满了传奇,最后凭借自己的毅力和微笑,成就了一番事业。

他努力研究人的微笑。把微笑分为 39 种,对着镜子苦练。他总结自己一生的推销经验说:"就推销员而言,'笑'是非常重要的助手。"他的微笑被人们誉为"价值百万美金的笑"。

原一平连续 15 年保持保险业绩全日本第一。1964 年,美国国际协会颁给他全球推销员的最高荣誉——学院奖,以表彰他在推销业做出的成就;1967 年,因对日本寿险业的卓越贡献,荣获日本政府颁赠的"绀绶褒章";1976 年,因努力提高保险推销员的社会地位,荣获日本天皇颁赠的"四等旭日小绶勋章"。获得这种荣誉在日本是少有的,连当时的日本总理大臣福田赳夫也羡慕不止,当众慨叹:"身为总理大臣的我,也只得过五等旭日小绶勋章。"

(二)微笑对营销的作用

1. 微笑是表达爱意的捷径

营销人员要把企业的友善与关怀,有效地传达给公众,首先就必须对公众始终保持灿烂的笑容,笑脸迎客和热情待客。当营销人员的微笑配合具体的营销行动,传递企业对公众的爱心时,每个接受微笑的人,都会真切地感受到企业的这份真情。

2010 年广州亚运会开幕式上,身高 1.78 米的吴怡凭借着其纹丝不动、清雅、温婉的东方女性魅力,还有一抹灿烂动人的微笑,让人看了感觉沉静、温暖,堪称是广州亚运会志愿者的代表符号,给电视机前的观众及中外媒体留下了深刻的印象。吴怡的微笑,既展示了她本人的毅力和精神风貌,也展示了广东青年人,乃至中华民族的精神风貌。当晚看过现场直播的公众,都会被"微笑姐"近于凝固的真诚"微笑"吸引和感动。因为她展示了一个国家、一个民族的形象,被亿万观众记在心间。

案例　微笑姐

在2010年广州亚运会开幕式上，当时还是广东外语外贸大学南国商学院大一学生的吴怡，一夜走红网络，被网民亲切地称为"微笑姐"，见图6-2。

图6-2　吴怡的微笑

南方日报的记者采访她时，很感兴趣地问："你的笑容被很多网友关注。你是怎么练出来的啊？"

"公众看到的是礼仪志愿者在场上的光鲜亮丽。我们在场下其实挺艰苦的。"吴怡说，"亚运礼仪训练要挑战身体的极限。从7月开始接受训练，每天要穿着5厘米的高跟鞋，站立7个小时，还要接受包括芭蕾舞、仪礼等多种课程在内的各种训练。常人站立时，膝盖中间是有缝隙的。可是亚运礼仪要求紧绷膝盖。站久了膝盖中间会很疼，脚也磨起了泡。只能贴止血贴。训练的时候，大家都全神贯注。老师一喊停，所有的人都蹲在地上边揉脚边说'好痛'。现在我们所有人的脚后跟、脚趾都起了茧。"

"最难的，是忍着疼痛，脸上还要保持微笑。刚开始练习笑容，我面临的最大困难就是'露8颗牙齿'。老师看着你，会害羞得笑不出来。笑不出来也是很郁闷的。开始练微笑的时候，我们都很不习惯。因为我们女生平时都是笑不露齿的。可是老师要求我们至少露出8颗牙齿。眼睛也要充满笑意，让人感觉到友善、温暖。当然，微笑不能太小家子气，也不能太过。要体现广州女性、中国女性的美。"

"开始训练时，我一直笑不出来。老师就让咬筷子，对着镜子咧嘴笑，还经常给我们讲笑话，让我们保持笑容。后来我慢慢体会到，亚运礼仪小姐的笑容，要发自内心，让人感觉真诚，不要让别人觉得你是在勉强地笑，那样你的笑就是僵硬的。要笑得专业、温和，又不能过于热情，要有一个度。"

记者："有网友说，你笑到后来，面部也有点僵硬；双手坚持交叉在小腹前，几乎抽筋。也太难为你了。"

"开幕式因为时间很长，要一直保持微笑确实很不容易。到最后，我的嘴也有点僵。以后还要再刻苦练习。其实换了谁，笑那么久，表情都会僵硬的。站在台上，我要两脚并拢，膝盖屁股收紧，胃和小腹收回。耳朵和肩膀齐平，保持面带微笑的标准姿势。如果没有受过专业的训练，这样的姿势站2分钟就很累了。"

"给重要人士做礼仪服务紧张吗?"

"感觉还好。我在学校就是礼仪队的,又是外联部的,可能更成熟一点儿。楚楚动人的微笑不是因为有镜头拍摄才刻意有的。这是我们专业训练的结果。"

"你知道自己在台上站了多长时间吗?累不累?"

"我不知道自己站了多久,当然也不知道会被镜头连续拍到,累不累也忘记了。"吴怡笑着说,"是妈妈第一个打电话给我,告诉我在电视上看到了我。还说我的妆容很美,是她见过最漂亮的我。"

网友评论说:"'微笑姐'能坚持二十多分钟,始终保持微笑的表情。朱唇微启,玉齿含香,这种敬业精神确实值得赞赏。尽管这种微笑不过是一种机械式的表情,可是需要'定力',需要长期刻苦的训练才能达到。而'微笑姐'做到了,真不容易。"

用人民日报头条的词语来说:她很给力等。

课堂讨论

"微笑姐"能做到的事情,我们经过努力是不是也能够做到?

场景训练

准备一些筷子,请同学们在课堂上试试"咬筷子",对着镜子或者相互检查,看能不能有"露出8颗牙"的真诚微笑。

2. 微笑能缩小心理距离

动物有一种"领地"的概念。凡是侵入某个动物"领地"的其他动物,都会被看作是"敌人"。人类虽然没有非常明确的"领地"概念,但是人与人之间的空间距离,可以表示他们在心理上的密切程度。

任何正常的人,都有一个假想的椭圆形心理防御空间,称为心理距离。个人处于椭圆的一个焦点上。椭圆的长轴方向是人眼睛的正前方,意味着与他人的心理距离最大;两侧和背后的心理距离较小,对他人的接近不太敏感。他人一旦进入这个假设的心理空间,就会引起紧张、警戒、反抗等心理感觉。越是陌生人,心理距离就越大;越是关系密切的人,心理距离就越小[①],见图6-3。

[①] 美国人类学家爱德华·霍尔博士认为,由于人们交往的性质不同,个体空间的限定范围也有所不同。一是亲密距离。距离在0~15厘米之间,彼此可以肌肤相触,耳鬓厮磨,便于进行爱抚、亲吻、拥抱、保护等动作。常发生在夫妻、情人、母子关系之间。距离在15~45厘米,相互之间的身体虽然没有接触,但是可以用手摸触对方,如挽臂执手、促膝倾谈等。多属于兄弟姐妹、亲密朋友之间的关系。二是个人距离。距离在45~75厘米之间,适合较为熟悉的人,可以亲切地握手、交谈。三是社交距离。一般距离在120~210厘米之间。这种距离已经超出亲密或熟悉的人际关系。属于社交场合和公共场所表示礼貌的距离。如果距离在210~360厘米之间时,表示为更正式的交往关系。例如上下级之间的关系。四是公众距离。在360~750厘米之间,基本是陌生人之间的关系,很难进行直接的人际沟通。

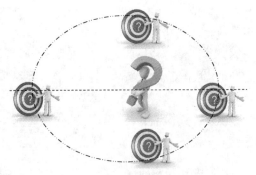

图 6-3　人的心理距离示意图

一般来说,营销人员和公众之间,只是因为商品的买卖而发生相互关系,彼此并不熟悉,他们之间的心理距离应该比较大。可是营销人员的微笑,却可以使顾客感到亲切,感觉像是好久没有见面的老朋友一样,在心理上消除了警戒与不安以后,就可以缩小彼此之间的心理距离。再通过交谈,就可以产生信任感和依赖感,创造和谐的交易气氛。

> **观察与思考**
>
> 请在校园里、大街上,观察人与人之间的心理距离和空间距离之间的关系。想想有哪些可以缩小人与人之间心理距离的方法。例如,飞机、汽车上的座位为什么都是一个方向排列的呢?

3. 微笑能确立自信心

一个没有信心的人,经常是精神涣散、目光呆滞、面无笑容;一个有自信心的人,常常是雄心勃勃、精神焕发、目光坚定、满面春风。每天都能保持甜美的笑容。

一个人即使遇到生活的挫折,在逆境中生存,然而只要学会微笑,就可以使人忘记悲催、摆脱烦恼,使人心情舒畅、精神振奋;使人消除自卑感,提高自信心。

4. 微笑产生魅力

人类最动人的表情是笑容,笑容中最自然大方的是微笑。微笑给人以美感,给人以享受,更给人以力量。甜美的微笑就像是蓝天的浮云,夏日的清风,即将绽放的花苞。微笑具有最独特的魅力!微笑既可以增加自己的快乐和活力,有益身心健康,又可以使人的外表更迷人、更帅气。

> **案例　顾客需要微笑**
>
> 著名连锁店沃尔玛的创始人沃尔顿坚持这样的一个信条:顾客需要微笑。
>
> 创业之初,他每天都要亲自到门口迎接顾客,向他们微笑,打招呼,聊天。好像他就是为了要每天向他们微笑才开这家小店似的。
>
> 沃尔玛发展成大公司以后,沃尔顿每次到沃尔玛各个分店视察时,都要求员工与他一起发誓对顾客微笑。

他说:"我希望你们保证,每当顾客离你十步远的时候,你们应将眼睛注视着顾客,对顾客保持微笑,向顾客问好,并询问是否可以给他们提供帮助。"

他要求员工:"请对顾客露出你的八颗牙。"在沃尔顿看来,只有微笑能露出八颗牙,才称得上是合格的"微笑服务"。

这段话,就是沃尔玛"十步态度"的"微笑服务",是沃尔玛员工必须遵守的准则。沃尔顿一生都在身体力行地实践它。

为了提高营销人员微笑服务的主动性和自觉性,他提倡企业应该开展培训活动,让营销人员在观念上把微笑看成是最基本的营销工作,而且是必要的基础性工作,认识到微笑是卓有成效地开展营销活动的前提,树立"微笑即工作"的观念,从价值观上正确对待微笑,意识到微笑与营销工作的关系,把微笑当作职业需要。

顾客看到服务人员真诚、愉快的笑脸,就可以从服务人员的笑容中,体验到企业友好、融洽、和谐的欢乐气氛,让顾客深受感染而乐在其中。

员工能以工作为荣,就能有殷勤大方的微笑。员工是否拥有微笑的能力,直接决定了服务质量的高低,也是顾客是否再上门的关键所在。

二、言语营销

言语,不但是服务人员与顾客沟通的工具,而且是顾客感情的"触发器"。俗话说:"良言一句三冬暖,恶语伤人六月寒。"顾客光临是为了快乐购物,而不是为了来受气的。企业整体情感营销的效果,就可能因为某个营销人员一句不恰当的言语而功亏一篑[①]。

(一)营销活动中的言语

1. 营销人员的言语要求

商品的特点、企业的形象,都需要营销人员通过言语表达才能使顾客了解。营销人员的言语必须向顾客传递热情、诚恳的正面感情。为此,对营销人员的言语要求是:内容真实,态度诚恳,待客礼貌,交谈谦逊,服务规范,语意明了,表达准确,语义通俗,音调柔和,语句适当,感觉亲切,吐字清楚,用词恰当,声音清晰,语速适中,讲解专业,面容亲切,言辞文明。如果能使用顾客的方言、土语进行接待,更能很快缩短相互之间的心理距离,获得顾客的好感和信赖。

案例　一只脚大,一只脚小

有一天,一位女士到鞋店买鞋。挑了半天,也没有找到合脚的鞋。

接待的营销人员看到她怎么试穿都不满意,经过细心的观察,她发现这位女士的左右脚不一样大。

[①] 语言和言语的关系,就是一般和个别之间的关系。语言是同一社会共有的交际工具,是有规律可循的相对静止的抽象系统,使用语言必须遵守这些规则;言语是人们日常交际的过程和结果,在音色、音调、发音、词语和句子的结构等方面,可以有个人的特色,相对自由,具有比较活跃的运动状态。

于是她就对顾客说:"阿姨,我们店里的鞋都是符合国家标准的。你觉得鞋不合适,不是因为我们店里鞋子的尺码不对,而是因为你一只脚大,一只脚小。"

显然,这位营销员还是很敬业的,观察得很仔细,说的也是实情。可是那位女士听了脸色却很不好看,准备拂袖而去。

这时,柜台组长过来说:"大姐,您的一只脚比另一只小巧。我来帮您再挑选一下。"这位女士听了,马上改变了态度。当然,适合她的鞋是不可能找到的。不过柜台组长非常热情地为这位女士仔细测量了两只脚的尺码。然后对她说:"大姐,放心吧。我会把这个尺码发到鞋厂。让他们为您专门定制一双适合您脚的鞋子。您现在只要把您中意的鞋的款色选好就可以了。等工厂把鞋做好发货过来,我马上打电话告诉您。如果您不方便的话,我下班以后给您送到家里去。您看这样好吗?"

这位顾客听了后十分高兴,留下了电话和家庭地址。同时还留下了一句话:"那好。以后我的鞋就都在你们店里买了。"

课堂讨论

对这个案例,同学们有什么感想呢?

2. 激发顾客积极的心理活动

在商场闲逛的人,购物的意愿并不强烈。他们显然没有充分的购物心理准备。这时,营销员就要根据顾客现场的心理活动,适时地用言语启发顾客进行积极的心理活动。

案例　宝剑赠英雄,翠戒送美女

一天,一位中年男子陪着一位妙龄女子进了一家首饰店。

这位妙龄女子站在钻戒柜台前仔细欣赏起来。不一会儿,她对一只标价不菲的翡翠钻戒表现出浓厚的兴趣。可是那个男子看到昂贵的价格,就对她说:"这个戒指不适合你。"

这时,深谙顾客心理的女营销员,立即从柜台里取出这枚翡翠钻戒,戴在这位妙龄女子纤细的手指上。只是轻轻地赞美了一句:"这枚翡翠钻戒戴在您这样的美女手指上,更显出您的尊贵和高雅。"

这位妙龄女子听了非常高兴,撒娇地对那个男人说:"买吧。我喜欢。"

销售员又对那位男子说了一句话:"宝剑赠英雄,翠戒送美女。这是多么浪漫的人间佳话呀!"

那位男子听了,笑了一笑。一桩大买卖就这样做成了。

> **课堂讨论**
>
> 这位营销员判断出这两位顾客之间是什么关系?她轻轻说的那两句,为什么会有这么大的作用?

(二)"冷漠虐待"和"热情虐待"

美国营销专家阿连森博士总结营销经验后说:"在营销终端,有68%的顾客,是因为卖主冷漠的态度而离去。"

在很多情况下,销售员对到柜台前闲逛的顾客,既没有亲切的问候,也没有礼貌的微笑。只是在一旁冷漠地坐着。两三成的顾客会扭头就走。如果再听到营销员说几句"势利"的话,那么这位顾客十有八九是不会再到这家商店购物了,因为顾客受不了这种"冷漠虐待"。

孔子说:"过犹不及。"这在营销心理中也是至理名言。营销员对顾客"冷漠虐待",固然会流失顾客,可是如果营销员对顾客过分热情,也会在顾客的心理上造成"热情虐待"的感觉。

在很多情况下,顾客刚接近柜台,还没来得及观看商品,营销员就满脸笑容地迎上去,询问顾客要买些什么,然后喋喋不休地介绍商品的特点、性能,提出购买的建议。吓得顾客连连说:"我只是随便看看。"这种过分热情的营销效果显然也不很理想,常常事与愿违。

这是因为这些营销员根本不懂得顾客的购物心理。绝大多数顾客是以一种轻松、安逸的心态来逛商店的。他们也许是出于现实的需要来购物,需要静心观察各种商品,在内心进行比较、判断;也许根本不是为了购物,只是为了消遣,无目的地闲逛。

顾客对商品内心的认知过程,如果被营销员过度的热情打断,自然会引起顾客的不满或抵触心理,最后采取放弃观看商品的行为。特别是那些现在根本不打算购物的潜在顾客,更不好意思在柜台前察看商品了。因此,过度热情的服务,也会减少顾客在柜台前逗留的时间。

> **观察与思考**
>
> 请同学们到某个大商场进行营销员接待态度的观察调查。可以亲身测试,也可以侧面观察。然后整理成观察报告,送到商场营销主管的手上。看看他对你的观察报告有什么反应?

(三)营销员服务言语的训练

营销实践证明,营销员服务言语的训练至关重要。避免使用负面言语甚至比提倡使用正面言语更重要。

1. 不说否定性的言语

什么是否定性的言语?例如"我不能等"、"我不会等"、"我不愿意等"、"不可以等"等,都属于否定性的言语。因为当你向客户说这些否定性的言语时,客户的心理反应是:"你不能帮助我"。客户只对可能够帮助他解决问题的营销人员感兴趣。

正确的做法是：营销员应该告诉客户"我能够做什么"，而不是"我不能做什么"。即使超出了营销员的能力或者职责范围，也不要说负面性的言语，而要说："我帮你等。"这样才能创造积极、正面的言语氛围。

有些心直口快的营销员，常常会脱口而出说某些带批评性的言语。这些无心说出的言语，伤了顾客的自尊心，自己还不觉得。

例如"你这么胖，怎么可能买到合身的衣服呢？"顾客的心理反应是：认为营销员在讥讽自己的体型。

"这件衣服很不适合你。"顾客的心理反应是：认为营销员在暗示自己在穿衣打扮上没有品位，没有文化修养。

"在你的办公室里，放这么一个大鱼缸，多占地方呀！"用户的心理反应是：认为是在说自己的办公室太小，不够气派。

这些话虽然与交易过程没有什么关系，但是在顾客听起来，心里就很不舒服。

在业务谈判场合，也应该注意少用否定性的言语。你可以不同意对方的建议或者意见，但是不应该用绝对否定的言语表达你的态度。

"某经理，你的说法是完全错误的！我们完全不能接受。"这种否定性的言语，听起来就有点咄咄逼人，大有以强凌弱的意思。因为每个人说话，都是站在自己的立场看问题，都是为自己利益的最大化考虑问题，所以见解不同，意见不一，是非常正常的事情。只有通过求同存异，合作共赢的不断磨合、讨论、磋商，才能使观点逐渐接近完成交易。过于主观武断的否定性言语，只是图一时的言语之快，结果却适得其反，对营销活动的开展没有任何好处。

2. 少说与营销无关的言语

在商言商。营销过程的主题当然是与商品有关的话题。尽量少说与营销无关的言语。俗话说，"言多必失"，"病从口入，祸从口出"。与营销没有什么关系的话题，最好不参与，少议论。特别是像政治、宗教、个人隐私等话题，说多了，有害无益。

有时为了缩小交易双方的心理距离，可能要说一些与营销无关的言语，那也应该经过事前的设计，不能随口而说。

3. 不说不实之词

不要为了暂时的销售业绩，夸大产品的功能和价值。因为客户在日后一定会对商品有全面、正确的认知，终究会知道你所说的话是真是假。这势必会给自己埋下一颗"定时炸弹"。一旦产生纠纷，轻者不再有业务往来，重者可能会发生诉讼，实在是得不偿失。

4. 不说"好为人师"的言语

一些有业务经验的营销人员，在交易过程中常常喜欢摆老资格，喜欢以教育者自居。特别是在和新客户洽谈时，容易说一些使人心里不舒服的话。

"你懂我说的话吗？"

"你知不知道这个道理？"

"你明白这意味着什么吗？"

"这么简单的事情，你难道还不清楚吗？"

实际上，任何人都不喜欢听这些教训人的言语。有的客户，嘴上不说，心里非常反感。

这就为日后客户关系的复杂化留下了隐患。

在营销活动中,对顾客应该有耐心,要注意态度的谦虚,不能自以为是,盛气凌人。从营销心理的角度来说,好为人师,实际上就是怀疑顾客的理解力低下。这当然会使客户觉得自己的人格没有得到应有的尊重,逆反心理随之而生。

5. 不以"粗人"自居

一些文化水平不是很高的营销员,常常会以"粗人"自居,特别是在与一些文化水平比较低的客户打交道时,更会肆无忌惮地说脏话。

每个人都希望与有涵养、有文化、有层次的人交朋友,而不喜欢与脏话连篇的人做生意。文化水平低并不是可以炫耀的资本。只有不断学习,提升文化素养,才是营销人员塑造形象的有效方法。

第三节 人性化营销

一、什么是人性化营销

随着"以人为本"和"建立和谐社会"的观念深入人心,人性化营销也应运而生了。

所谓人性化营销,就是依照交易双方固有的人性需求来开展营销活动,通过充分满足人性的需求,达到企业经营的目的。人性化营销也称为"人本化经营"。

其实,人性化营销只是情感营销的一个发展阶段。情感营销的实质是"占据人心";人性化营销的目的,也是"占据人心",只不过它是通过满足顾客人性需求的手段来达到这个目的的。人性化营销也必须通过温情和爱心的沟通,提升顾客对商品的情感价值。

二、人性化营销的理念

人性化营销是企业的一种理念,一种态度。它并不是企业的一种营销技巧或者营销战术。它是植根于企业全体员工意识深处的一种心理认知,是对顾客服务观念、服务态度的升华。

(一)人性化营销是换位思考的营销

企业营销的目的是什么?显然是销售商品。有的营销人员认为,只要能把商品卖出去,采取什么样的手段都是无可非议的。于是怎样能够"忽悠"公众的种种营销"秘籍",不断见诸于世。

这些所谓的"营销宝典"不仅损害了顾客的利益,最终也会害了企业。

人性化营销不是单纯追求企业自身的盈利,而是站在顾客的立场上考虑问题,替顾客着想,为顾客排忧解难,解决问题。当然,企业不是慈善机构,企业销售商品也必须遵循市场经济的规律。可是换位思考以后,就可以改变思维方式,营销的境界和视野也就不同了。

人性化营销强调的是"员工第一,顾客第二,利润第三"。利润是企业全心全意为顾客服务后的"自然"回报,而不是企业刻意追求的唯一目标。

为什么是"员工第一,顾客第二"?如果员工感觉公司不关心自己,那么公司要求员工"关心和照顾顾客"是没有任何意义的。不愉快的员工,只能提供不愉快的服务和不断下降的利润。

如果营销活动忽视顾客的利益,虽然顾客被忽悠后,一时感情冲动购买了商品,但是顾客如果吃了亏,那他们还会成为企业的回头客吗?只顾企业利益,不顾顾客利益的营销活动,只能是"一锤子买卖"。

(二)人性化营销是人性化管理的营销

人性化营销是要由企业的营销人员去完成的。因此,人性化营销的前提就是人性化管理。营销团队的管理者,应该从营销人员的个性、情感、自尊及自我发展等人性的需求出发进行管理,强调人的主观能动性、创造力、想象力的发挥,重视文化和环境的作用,设身处地关心营销人员的切身利益,鼓励他们在实现自我价值的同时,为企业争取最大的经济效益。

案例 海底捞

"海底捞",怎么会有这么一个"怪"店名?本来准备起的店名叫"三元会"。有一次,女主人打麻将和了一把"海底捞"(四川人打麻将摸到最后一张牌"和"了),高兴地说:"火锅店就叫'海底捞',挺好的。"

"海底捞"是一家以经营川味火锅为主、融各地火锅特色为一体的直营餐饮品牌火锅店,成立于1994年。公司在服务差异化战略指导下,改变过去标准化、单一化的服务理念,提倡"体验美味,享受生活,拥有健康,共赴卓越"的企业理念;秉承"服务至上、顾客至上"的服务理念,致力于为顾客提供"贴心、温馨、舒心"人性化的服务。

"海底捞"提倡人性化的管理,为员工提供公平、公正的工作环境,实施人性化和亲情化的管理模式,提升员工价值,倡导"用双手改变命运,用成功证明价值,靠勤奋实现梦想,靠奋斗走向卓越"的员工价值观;为了激励员工的工作积极性,公司每个月给大堂经理、店长以上的管理干部,以及骨干员工、优秀员工的父母寄上几百元钱的"赡养费",解除这部分员工的后顾之忧;公司还在四川简阳建了一所寄宿学校,让简阳籍老员工的孩子免费上学;每年拨100万元设立专项基金,用于员工及其直系亲属重大疾病的医疗补助等。

在"海底捞",顾客能真正找到"上帝的感觉"。一进店门,迎宾小姐就会给顾客做出招牌式的接待动作:右手抚心,腰微弯,面带自然笑容,左手自然前伸做"请进"的姿势。

因为生意好,免不了有客人要等其他食客吃完"翻台"①后才会有座位。为此,在"海底捞"有专门设立的"等位区"。谁都知道,等待是非常痛苦的心理过程。可是"海底捞"却尽量把它变成一种愉悦。屏幕上不断打出空位的信息,使每一个等待就餐的顾客知道自己可能还要等多久;等待就餐的顾客,可以一边享用免费的豆浆、小吃、水果、零食(黄

---

① 在酒店用餐时,桌面上都会铺上台布,放上就餐的餐具、酒杯等。客人用餐后,服务员要将台布、餐具,以及台面上的残渣剩饭收走,再重新铺上干净的台布,摆上餐具、酒杯等。这个过程叫"翻台"。"海底捞"平时每天"翻台"2次,假日"翻台"3~4次,节日"翻台"4~5次,最高曾经"翻台"7次。"翻台"次数越多,说明顾客越多,生意越好。一般来说,第一台的顾客基本上承担酒店全部固定资产的成本,后面"翻台"的顾客则为酒店贡献利润。

金豆，薯条，虾片，香蕉片等），一边与同来的亲朋好友聊天、打扑克、玩跳棋、下围棋、弈象棋、上网浏览等；爱美的潮女还可以享受免费的美甲、美鞋、护手等服务；"海底捞"的服务员来自全国很多地方，食客可以点名找老乡或者自己喜欢的服务员实行全程服务等。

顾客进入就餐区，服务员已经准备好了围裙、热毛巾，细心地为长发女士递上皮筋和发夹，以免头发垂落影响就餐；戴眼镜的客人会得到擦镜布，以免热气模糊镜片；如果顾客随手把手机放在台面上，服务员会马上把它用小塑料袋装好，以防油腻滴在手机上等。

每隔15分钟，服务员会主动为顾客换热毛巾；如果有"小上帝"就餐，服务员会给孩子喂饭，或者陪他们到"儿童天地"去玩，让孩子的监护人可以安心享用美食；他们会给抽烟的食客一个特制的烟嘴；"海底捞"的卫生间为食客准备了牙膏、牙刷和护肤品，还有专人为食客提供贴身服务：给每一位来"方便"的食客拧水龙头、挤洗手液、递干手纸、挤牙膏等；到这里过生日派对的客人，还会意外地得到一些生日礼物；在天气变化的日子里，只要顾客打一个喷嚏，服务员就会吩咐厨房做碗姜汤送来；怀孕的准妈妈们会得到海底捞特意配制的泡菜；如果哪位顾客表示特别喜欢店内免费提供的任何一种食品，服务员就会额外赠送一份，请食客回家品尝等。

如果客人点的菜太多，服务员会善意地提醒，建议只点半份；吃不完的食物，服务员会主动征求顾客意见打包；餐后，服务员会给每个食客送上口香糖；当食客离开的时候，一路上看到的任何一个服务员，都会微笑地向你道别等。

正是这种贴身又贴心的"人性化服务"，加上"绿色、健康、营养、特色"的菜品，以及"麻、辣、鲜、香、嫩、脆"的火锅文化，赢得了顾客的心，获得了良好的口碑效应。很多食客流连忘返，成为忠诚的"超级食客"。

人性化管理和人性化服务，也使企业迅速获得了发展。"海底捞"从一个不知名的小火锅门店起步，发展成为拥有数千名员工，有71家直营分店（每年以5~7家的速度递增），2个美国分店，1个新加坡分店，4个大型配送中心和一个占地20余亩的大型生产基地。至2011年年底，"海底捞"的总资产达9.5亿元，净资产7.25亿，净利润2.92亿，资产回报率高达30.5%，净资产收益率达到40%。"海底捞"人性化的服务营销已经成为美国哈佛商学院的经典案例。

食客对"海底捞"的客观评价是：它的人性化服务做得相当出色，从而掩盖了菜品本身并不非常出众的问题。由此可见，在一定的条件下（有基本的菜品质量保证），服务质量可以提升企业品牌，降低食客对菜品本身的口味要求。

值得注意的是：情感营销虽然无处不在，但是它并不是万能的。它要靠企业有扎实的基础性工作为前提。如果只是"关公买豆腐"，商品本身没有底气，那么再好的情感营销也是无济于事的。

课堂讨论

请思考从"海底捞"成功的案例中，可以学到了一些什么营销心理规律？

第七章 营销活动与意志心理过程

意志是人为了适应环境的需要,实现既定目的的一种心理活动,它随着人对环境认识的深化而不断发展。无意识的本能活动、心理冲动或习惯动作,没有或很少有意志的参与。

第一节 营销活动与意志心理过程概述

营销人员在商品营销的过程中,会遇到很多困难。必须要有坚韧不拔、勤奋刻苦的意志品质才能克服这些困难。良好的心态、足够的信心、必要的意志品质训练,是销售人员必备的基本素质。

一、良好的心态

良好的心态是营销人员必备的条件。"商场如战场","胜败乃兵家常事"。完全没有必要因为有一点挫折就垂头丧气,要坚信明天会比今天更好。这样才能保持积极向上的精神风貌,保持旺盛的工作热情,保持努力进取的工作态度。

有了良好的心态,就能及时进行自我情绪的调整,客观地总结经验,做到"胜不骄,败不馁"。

二、必胜的信心

要成为优秀的销售人员,必须对营销活动有必胜的信心。自信是销售成功的第一秘诀。相信自己的能力,是销售人员取得成功的前提。如果连会见客户的勇气都没有,那怎么能成功?

"自信者,人信之"。当销售人员对营销的商品充满自信时,在营销活动中就有底气,能够毫无愧色地介绍商品的特点,才能感染顾客,影响顾客。因为他相信自己说的每一句话都是负责任的。如果对自己的能力缺乏自信,对营销的商品缺乏信心,就会缩手缩脚,甚至知难而退,导致销售失败。

有了信心,再加上乐观和努力,就一定能够成为销售领域的精英。

> **观察与思考**
>
> 自信与营销的商品有密切的关系。请同学们想一想,你们毕业以后找工作,对应聘的单位(企业)事先要做一些什么"攻略"呢?

案例　把斧子推销给总统

2001年5月20日，美国布鲁金斯学会培训的营销员乔治·赫伯特，成功地把一把斧子推销给了布什总统。

布鲁金斯学会得知这一消息后，把刻有"最伟大推销员"的金靴子奖赠与他。这是自1975年以来，该学会的一名学员成功地把一台微型录音机卖给尼克松后，又一名培训学员获此殊荣。

布鲁金斯学会创建于1927年，以培养世界上最杰出的推销员著称于世。它有一个传统，在每期学员毕业时，设计一道最能体现推销员能力的实习题，让学生去完成。

布什总统上任那年，布鲁金斯学会把实习的题目定为：请把斧子推销给布什总统。

很多学员认为："总统什么都不缺，他还需要买东西吗？"

还有学员认为："总统即使缺什么东西，也用不着他亲自购买。"

更有学员说："总统需要斧子干什么？"

有人说："再退一万步说，即使总统要到市场亲自购买斧子，怎么会正好是你到市场上去推销斧子的时候。这个概率太小了，几乎和直径20公里的小行星与地球相撞的概率一样小。"

然而，在一片"不可能"的质疑声中，乔治·赫伯特却做到了。

后来一位记者采访他时问："乔治·赫伯特先生，你是怎么把斧子推销给布什总统的？"

乔治·赫伯特说："我认为，把斧子推销给布什总统是完全可能的。因为布什总统在得克萨斯州有一个属于他的农场。农场当然会有很多的树。于是我给他写了一封信。"

"哦，你给总统写信。信上说些什么？"

"我在信上说：有一次，我有幸参观了您在得克萨斯州的农场。发现那里种着许多矢菊树。可惜的是有很多树已经枯死了，这就大煞您农场的风景了。我想，您回到得克萨斯州农场度假的时候，一定需要一把斧头去砍那些死去的矢菊树。现在我这儿正好有一把适合您的体质的斧头。它是我祖父留给我的，很适合砍伐枯树。假若您有兴趣的话，请按这封信所留的信箱，给予回复。"

"总统回信了？"

"是的。他给我汇来了15美元。"

在别的学员都认为"不可能"的情况下，自信使乔治·赫伯特取得了销售的成功。

观察与思考

请在学校进行"练摊"的实践活动，看能不能把你销售的商品推销给学校的领导？

三、面对失败

在销售工作中,就算是高手,也有可能失败。销售人员应该善于从失败中接受教训,把失败当作是到达成功彼岸的渡船。

遇到失败、面临挫折的时候,要学会鼓励自己。

刘邦与项羽争霸天下时,刘邦势弱,并不是项羽的对手。可是刘邦有不怕失败的豁达心态,有"屡战屡败,屡败屡战"的决心。一而再,再而三的失败,并没有使他意志消沉、一蹶不振。失败的耻辱和对胜利的渴望,反而激起他旺盛的斗志,激发了他所有的潜能。在与强敌的生死搏斗中,刘邦成功地实现了自我超越,取得了最后的胜利。

反过来看项羽的心态。他只能接受胜利者的桂冠,接受不了失败者的耻辱,他连一次挫折都经受不起。本来"胜败乃兵家常事","江东子弟多才俊,卷土重来未可知"。可是项羽却耻于接受失败的事实,认为是"无脸见江东父老",他根本没有东山再起的自信。虚荣与骄傲的心理,必然导致"霸王别姬"的历史结局。

心理学上把受挫折后不气馁,反而激发起改变现状、奋力向上的意志,最终获得成功的心理效应,称为"奋起效应"。失败当然不是什么光荣的事情。"顺风好走路,逆水难行船",这是人们的一种心理期望,也是众所周知的事实。可是世界上的事情,"不如意者常八九"。市场莫测,变化万千,很难有常胜将军。俗话说:"常在河边走,哪能不湿鞋?"既然吃了营销这碗饭,当然应该对失败有足够的心理准备。知败而后勇,是真正强者的心理品质。

案例 成功的"失败者"

从"巨人汉卡"的第一桶金,到"巨人大厦"的失败,再到"脑白金"的崛起,以及巨人网络的上市,曾经是中国"最著名失败者"的史玉柱,是改革开放以来最有传奇色彩的商人。

史玉柱初到深圳,口袋里只有4000元和一张他自己开发的M-6401桌面文字处理系统软盘。他给《计算机世界》杂志打电话,提出要登一个8400元的广告。唯一的要求是先发广告后付钱。

"如果广告没有效果,我最多只付得起一半的广告费,然后逃之夭夭。"这是史玉柱后来对外界的解释。

两个月后,他赚了10万元。这是他的"第一桶金"。全部做了广告费用。四个月后,他成了百万富翁,也诞生了"巨人"。

有了"第一桶金"的史玉柱,决心在珠海盖一栋"巨人"大厦。这栋原本设计为18层的房子,被他"拔高"到70层。史玉柱决心要盖中国第一高楼,虽然他手里的钱只够给大楼打桩。

巨人大厦很快坍塌下来。除了欠2亿多元的债之外,史玉柱再没有其他财产。

对于失败,史玉柱从来不避讳。

"当我真正感到无力回天时,心里却完全放松了!"

他说自己最爱看的一本书是《太平天国》,因为他想研究太平天国为何失败。

对"巨人网络"后来能够在纽约交易所成功上市,史玉柱归功于自己的失败。

史玉柱说:"在西方人眼里,只要你是一个创业者,如果你失败过,就会学会东西。美国的投资基金会非常欣赏我以往的经历,特别是有失败的经历。这样他们才敢给我投钱。"

目标专一,斗志坚韧而旺盛,相信自己能够东山再起,能够把所有的欠债还清。这就是史玉柱的意志品质。

东方早报记者:"您怎样看待当初自己的失败和现在的成功?"

史玉柱:"我相信,对今天巨人网络的成功,当初的失败是一笔财富。失败之后可能有两种人,一种是精神上被彻底打垮,从此一蹶不振;另一种是虽然失败了,但是顽强的精神还在。只要精神还在,完全可以再爬起来。我一直有一个想法,失败是成功之母,成功是失败之父。"

企业家有坚韧不拔的毅力,有战胜困难的勇气和能力。正是这种百折不回的创业精神,以及永无止境的探索与奋斗,使史玉柱从平庸中崛起,从失利与逆境中重新奋起。

熊彼特认为,"只有不甘平庸,而且具有强烈'成功欲'的人,才有成为企业家的资格"①。

四、勤奋

勤奋也是优秀营销人员的必要条件。营销是最需要吃苦耐劳精神的职业岗位,勤奋是营销事业成功的基础。

勤奋就是少睡觉,少游戏,少享受;多看书,多调查,多思考。在市场经济的条件下,缺乏的并不是商机,而是发现商机的眼光和把握商机的能力。"天道酬勤","勤能补拙",勤奋是助人飞翔的翅膀。

第二节 营销人员的意志品质

商品销售的业绩,取决于营销人员的劳动热情和劳动效率,取决于克服困难的意志品质。营销人员意志品质的基本特征示意图,见图7-1。

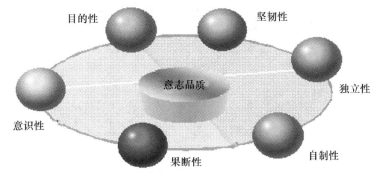

图7-1 营销人员意志品质的基本特征示意图

---

① 熊彼特.经济发展理论[M].北京出版社,2008.

一、营销人员意志品质的基本特征

（一）目的性

目的性是意志的定义所规定的。营销人员对自己的工作目的显然是非常清楚的。当然，在不同的营销理念的支配下，可以有销售商品的目的，有利润的目的，有"发展经济、服务社会"的目的，有满足顾客需要的目的，有提高个人在营销界社会地位的目的，有改善个人物质生活条件的目的等。

只有有了明确的目的，才能有达到目的的行动。目的性可以使营销人员明确地知道自己为什么而工作，为什么而奋斗，自己未来的愿景是什么。

俗话说，"人各有志"。说的是不同的人，目的性的意志品质是不同的。对于营销人员来说，要善于和不同目的性的人沟通做生意。不需要强求别人的目的性一定要和自己的目的性一致（实际上，往往是不一致，或者不完全一致）。只要有利于达到自己营销的目的性，就应该承认他人目的性的"合理"存在。这才是经商之道。

目的性对营销人员个人来说，具有明显的意志倾向性。不同的意志倾向性，可以导致营销活动社会价值的不同。"侵害公众利益，牟求一己私利"的目的性，和"发展经济、服务社会"的目的性，其意志倾向性的差别，公众自有评说。

（二）自觉性

自觉性也称意识性，是产生意志心理活动的前提。营销人员的自觉性越强，他的意志心理活动就越强烈。

营销人员的意志心理活动，必须建立在对环境有明确认识的基础上。如果营销人员能够充分意识到营销活动的目的和后果，可能遇到的困难，就可以有备而动，有备而去，增加成功的机会。营销人员只有对自己的行动目的有正确的认识，才能产生高度自觉性，避免"随大流"的营销行动。

人贵有自知之明。营销人员应该客观地评价自我，清楚认识到自己的优势和弱点。这样才能有意识地在营销活动中扬长避短，不断提高营销能力，克服缺点和不足；充分挖掘自己的潜力。

潜力是实际存在但尚未表现出来的能力。有较好意识性心理品质的营销人员，能意识到自己在哪些方面有潜力，在营销活动中能不能发挥这些潜力。只要发挥这些潜力，营销工作必然会迈上新的台阶。

（三）坚韧性

坚韧性也叫坚定性、顽强性。营销人员要有"咬定青山不放松"的韧劲。俗话说，"精诚所至，金石为开"。搞营销，不能遇难而退，更不能知难而退。要有能力通过沟通、协调、妥协、补偿等途径排除困难。

优秀的销售人员不但要有熟练的销售技巧，而且要有应对各种困难的心理准备。营销工作的特点是说服人。因为说服的场景不同，说服的对象不同，说服的市场条件不同，所以每次营销活动都不同，都是对营销人员意志品质的考验和挑战。为此，销售人员应该有不断"改造"自我的韧劲,以应对不断出现的挑战。

(四)独立性

市场情况瞬息万变,影响营销人员决策的因素又很多。因此,独立性对独当一面的营销人员来说,是非常重要的意志品质。它表现为面对复杂的营销环境,营销人员有能力根据市场的实际情况,做出独立的判断和决定,敢于对决定的后果负责,并要求自己或营销团队执行这个决定,不屈从于周围其他因素的压力。

独立性不同于主观武断。在营销活动中,切忌不考虑市场和企业的具体情境而一意孤行。独立性是在理智分析和吸取团队其他成员合理意见的基础上所采取的行动。独立性所做出的营销决定,从营销专业的角度来看是可行的,从社会道德的角度来看应该是正确的。

一个好的营销人员,不应该没有自己的主见,不应该轻易受他人言语或者行为的影响,更不应该盲从别人的意见或行为。

(五)果断性

果断性表现为营销人员有能力迅速辨明是非,及时采取有充分根据的决定,并且在深思熟虑的基础上实现这些决定。

果断的意志品质主要体现在"迅速"和"及时"这两点上。市场形势瞬息万变,如果没有"迅速"反应,"及时"采取相应的措施,或者会失去商机,或者会遭受灭顶之灾。

果断不同于轻率。它以充分的证据、周密的思考为前提。营销人员对市场的变化如果胸有成竹,那么当市场形势一旦发生变化时,就能当机立断、及时行动,毫不动摇和退缩。

销售活动可能会遇到很多困难。如果总是瞻前顾后、不敢决断,就永远也不可能有大的突破。只要看准了商机,该出手时就出手;形势发生了变化,该放弃时就放弃。当机立断,既不踌躇,也不蛮干。

与果断性相反的意志品质是优柔寡断、犹豫不决。营销人员最忌讳的就是在机会面前犹豫不决。商机不是天天有,它常常是可遇而不可求。犹豫不决的后果,或者是失去商机,或者是在发生危机时不能全身而退。

多种心理因素会使营销人员犹豫不决。例如能力不够,缺乏对市场的判断力;对营销工作缺少兴趣,没有进取的动机;内心深处对错误决定可能产生的后果感到恐惧;没有足够的认知做出正确的决策。

犹豫不决、优柔寡断的营销人员,在营销活动中常常会产生动机冲突。觉得"这也行,那也行";或者"这也不行,那也不行",自己没有主意。到了"非断不可"的紧要关头,只好仓促决定,甚至以"掷硬币"来做出抉择。决策以后,又常常反悔、怀疑,导致执行层面发生混乱而使营销活动失败。

(六)自制性

自制性也称自制力。这是善于控制自我行为和情绪反应的能力。

在营销活动中,常常会有各种物质或者非物质的诱惑。在营销实践中,也的确有一些营销人员为金钱、美色、奢侈品等迷了心窍,导致营销活动失败。

在营销活动中,常常会有与目标不一致的各种消极情绪出现,如厌倦、懒惰、恐惧等心理情绪。有自制力的营销人员,能控制自我,克制与营销目标不一致的思想情绪,排除外界诱因的干扰,坚持原来的营销目标。

在营销活动非常顺利的时候,营销人员应该自制,不能让胜利冲昏头脑,要清醒地判断市场形势,不能不顾自身条件的限制,继续扩张,最终导致失败;在营销活动非常不利,甚至遭受挫折的时候,营销人员也应该自制,不能让挫折和失败吓破了胆,这时同样需要有清醒的头脑,要正确判断市场形势,变"进退两难"为"进退两安",先渡过眼前的危机,养精蓄锐,再伺隙进击。

二、加强营销人员心理素质建设

企业可持续发展的关键,取决于营销人员的工作能力、职业热忱和健全的心理素质。因此,加强营销人员心理素质建设是企业的一件大事。图 7-2 所示为营销人员心理素质示意图。

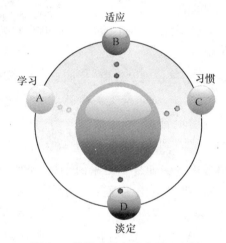

图 7-2　营销人员心理素质示意图

(一) 学习

营销人员需要不断学习,提高自己的能力和意志品质,逐步形成适应市场交易行为的意志特点。

搞营销,虽然需要头脑聪明、思维灵活,但是否有坚强的意志往往更重要。企业的营销部门要构建和谐、积极的内外部营销关系,取决于每个营销人员心理素质如何。

优秀的销售人员都非常重视学习,不断扩展知识领域。他们向书本学习,向同行学习,向顾客学习。无论是参加讨论会、看广告、上网搜索信息,都将之看成是学习的机会。

(二) 适应

营销人员心理适应性的强弱,是营销活动成败的心理原因。如果营销人员的心理适应性弱,就不能驾驭无时不在的市场变化。因此,不断提高营销人员的心理素质,可以使他们在尽可能短的时间内适应新的市场环境。

(三) 习惯

营销人员的职业习惯,对提高营销活动的效率有着潜移默化的作用。良好的营销职业习惯是营销活动成功的保障。实践证明,很多营销精英的优秀业绩,与他们有良好的工作和生活习惯有着密切的关系。每天坚持写营销日记的习惯,可以帮助自己发现问题,总结经验,提高自信;坚持做客户资料卡片的习惯,有助于维系良好的客户关系;爱整洁、有礼貌的习惯,可以体现营销人员的精神风貌,使客户容易产生"首因效应"。正是这些不经意的习惯,为营销人员的成功铺平了道路。

(四)淡定

公众很容易看到营销人员出席豪华社交场合、有丰厚的物质报酬等光鲜的一面,却看不到他们内心经历的各种痛苦、磨难、压力、失败等心灵的煎熬。销售人员除了有成功的喜悦以外,更多的是要面对被拒绝、被羞辱的现实,还不得不承受自尊心被伤害,人格被侮辱、内心被摧残等心理的创伤。保险营销、银行信用卡营销、工业设备营销等领域,营销人员被拒绝、被轰走,是每天都在发生的事情;女性营销人员被性侵犯、被侮辱的事情也时有发生。

为此,在各种各样的诱惑面前,营销人员要学会做到心理上的淡定。只要有了淡定的心态,就可以在很大的程度上保护自己。

在对不同的事物进行选择时,价值观就是选择的标准。营销人员的价值观比其他任何事物更能决定你是个什么样的人。如果营销人员的心理是浮躁的,那么就有可能为了一份大订单失去内心的价值原则,甚至拿自己作为交换的筹码。

对于女性营销人员来说,尤其应该注意自尊、自重、自爱。不要轻易地以自己的年轻美貌作为营销武器,去征服、迎合男性客户。因为这常常会引火烧身。相反地,应该注意自身素质的提高。事实上,更多商界成功的男人会以生意为重,喜欢和谈吐优雅、衣着得体、不卑不亢、自信自爱、知识渊博、气质高雅的女性营销人员做生意。

淡定的心态还表现在被客户奚落、讽刺、拒绝之后的"若无其事"、"我行我素"。如果营销职业是自己热爱的事业,那么为了事业的成功,这些小小的考验又算得了什么呢?

越王勾践甘愿为吴王夫差当牛做马,亲自尝他的粪便,就是为了卧薪尝胆,复国雪耻;韩信能忍胯下之辱,最后终成大事。在中外历史伟人中有太多这样忍辱负重的故事。伟大的人物因为心中有伟大的理想和信念,所以能忍常人所不能忍。看看任何一个商界大亨的传记,哪一个当年在做销售员时,没有受过别人的白眼和侮辱?

孟子说:"天降大任于斯人也,必先苦其心志,劳其筋骨,饿其体肤,空乏其身,行拂乱其所为,所以动心忍性,增益其所不能。"营销的道路艰难而漫长,身处逆境,不能茫然无措,丧失勇气和信心,更不能迷失前进的方向。保持从容、淡定的心态,就可以坚定信心,勇往直前。

第三节 顾客的意志心理过程

一、顾客意志过程的表现

任何有目的性的工作,都必须要有意志的支持才能完成。购物过程也必须有意志的支持。

当顾客在特定意向、特定目的的驱使下购物时,称为理性购物。它是顾客意志的体现。有的人为了给病重的家人买药,不惜跑遍全市所有的药店;有的人为了满足自己收藏的欲望,到全国各地淘宝。这是顾客意志心理过程最明显的表现。

在理性购物的条件下,顾客为了满足某种需要,总是要对需要和购买力进行权衡,才会确定购买的商品目标。然后是制订购买计划,收集商品信息,最后是有意识地实现购买的目标,见图7-3。在购买大件商品时,顾客的这种意志心理过程表现得最为明显。商品的价值越高,顾客的购买力越低,这种意志心理过程就越明显。例如在买房、买车、买高档电器之前,顾客会慎重地进行购物决策。他们必须有一个攒钱的准备阶段。在一定的时间内节衣缩食,取消、减少对其他商品的需求。在顾客实际购买时,还会考虑到什么商店,花多少时间去购买;到了商店,他不能受其他商品的诱惑,随意地把打算买目标商品的钱购买其他商品。因此,任何理性购物,总会有顾客意志的参与,它是顾客心理活动自觉性的表现。

图7-3 顾客理性购物流程

顾客没有目的、没有意向地到商场闲逛,当然不需要意志参与。可是一旦顾客在无意注意的作用下,被某个"无意发现"的商品吸引,并引起兴趣,只要顾客倾听销售员对商品的介绍,然后再对商品进行判断,作出购物决定等,那就需要顾客意志的参与。这种购物过程是顾客半感性半理性的购物状态,见图7-4。

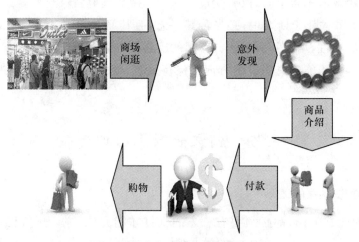

图7-4 顾客半感性半理性购物流程

顾客没有目的、没有意向地到商场闲逛，被某个无意"发现"的商品所吸引，不假思索地马上掏钱购买，这是纯粹感性购物的过程，它不需要顾客意志的参与，见图7-5。

图7-5 顾客感性购物流程

一般来说，凡是勤俭持家、计划消费的家庭或者个人，意志心理过程的作用就比较显著；凡是"月光族"、"单身贵族"，意志心理过程的作用就比较弱。

二、顾客意志对购买行为的调节作用

如果说感觉是外界刺激向心理过程的转化，那么，意志就是心理过程向外部动作的转化。意志有调节人的行为的作用。

顾客确定了购买目标后，通常还要排除主客观各种因素的干扰，克服各种困难和内心的矛盾，最终能实现购买。

当顾客同时有几个购买动机，这些动机又相互矛盾，不能协调一致时，顾客就必须通过意志过程进行购买动机的协调。例如买了房子就不能送孩子出国留学，要解决这个问题，就需要意志的协调。

当商品价格高于顾客的心理价格，或者因为商品质量，服务，营销人员的态度、销售方式等客观因素引发顾客的不满时，顾客的购买决策就会发生动摇。因此，顾客常常要通过意志的努力，克服这些主观动机的干扰和客观条件的障碍，才能完成预定的购买目的。

顾客的意志对购买行为的调节作用，表现在两个方面：

第一，驱使调节。驱使顾客为达到预定的购物目的做出努力的过程。如顾客心里想要购买的商品，哪怕再难买，也要千方百计地买到。

第二，抑制调节。当购物过程中出现干扰，消费者又无力排除这些干扰时，顾客的意志过程就会努力做出中断购买行为。

案例　"粉丝营销"

"粉丝"一词来自英语 fan 的复数形式 fans,意思是狂热者和爱好者。借助于网络在中国的高速发展,"粉丝"这个词语的使用频率越来越高。狂热者和爱好者只是"粉丝"的表现形式,还不是"粉丝"的本质。"粉丝"的本质是:它代表了一种新的消费潮流——消费者不再满足仅仅是某个商品的购买者、消费者,他们要求对商品的设计、生产、销售有更大的话语权。

消费者要求参与商品的设计、生产和销售这种心理变化,促使营销理论随之发生革命性的变化。对于营销者而言,要想使商品拥有广大的市场,就必须考虑"粉丝"的需求,理解"粉丝"的心理,并且和"粉丝"建立长久的关系。这就产生了"粉丝营销"。

"粉丝营销"方式和传统的营销方式,在营销战术的使用方面有很大的不同。传统的营销方式主要是 4P 营销战术的运用:持续的新产品开发、重新定价、各种名目繁多的促销方式、大量的广告和无处不在的分销渠道;"粉丝营销"方式的营销战术,主要在于"人性和人心"。

企业如果非常重视与"粉丝"的交流,倾听他们的意见,并努力按照他们的意见改进商品,"粉丝"们当然会表现出强烈的爱憎感情。这是人性之使然。正因为有人性的介入,才使得商品品牌和品牌偶像能更强烈地印入"粉丝"的脑海,激起更多的情感认同,商品品牌和品牌偶像,通过"粉丝"的这种情感而被定位了。

"粉丝"之间,也在情感纽带的连接下,组成了一个个"非社会组织化"的团体。这种"非社会组织化"的团体,虽然没有任何行政制度的制约,但是却有心的相通和心的连接。"粉丝"们在这些团体里获得了心理上的满足——归属感。正是这种归属感,使"粉丝"们不计报酬地成为商品品牌、商品偶像的义务宣传员,因为他们热爱这些商品品牌和品牌偶像,并把它们作为自己生活和情感的一部分。

一个商品品牌之所以能得到"粉丝"的拥护,是因为在这个商品品牌中,没有销售者和使用者的严格界限,也没有绝对分明的买和卖的立场关系,有的只是人性的光辉。正是这些人性因素,决定了这个品牌会被大众接受。向"粉丝"们营销的秘诀,实际上就是"不营销",营销者只有真正置身于"粉丝"之中,了解他们的感受,了解他们的喜好,并且成为他们中的一部分,所有的营销就变成多余的了。人们可以讨厌推销员,可以拒绝欺骗人的广告,可是有谁会拒绝自己的朋友呢?

"粉丝营销"方式和传统的营销方式最大的区别是:使消费者能够主动参与,"用手投票",而不是被动等待,最终"用脚投票"选择。

珠海魅族科技公司的"粉丝营销",堪为典范。珠海魅族科技公司的总经理黄章,在魅族的论坛上经常发起各种调查:未来你将首选哪种 3G 网络?专卖店开在哪里合适?喜欢白色还是黑色的 M8 手机?手机中到底要不要腾讯官方版的 QQ?

珠海魅族科技公司汇集"粉丝"们在论坛上发表的意见,作为企业未来产品或决策的指导性意见。这意味着,魅族不是自己在单方面地制造产品,而是与消费者一起研发产品。消费者的积极性一旦被调动起来,对市场的推动作用是不可估量的。

2006年年底,有网友在魅族的论坛上爆料,魅族准备生产M8手机。这个信息立刻让"魅友"群情激动。在此后两年多时间里,有关M8的配置、功能、外观等讨论,成为"魅友"竞相追逐的话题。论坛上每次发表有关M8手机研发进度的最新消息,都会引来"魅友"的热议。有位"魅友"详细记录了M8诞生过程中每次外观和技术参数的变化,有更多的"魅友"为研发中的M8手机出谋划策。黄章也会参考"魅友"的意见,不断改变自己的设计方案或者市场策略。

M8手机研发成功后,黄章还专门在论坛上征求"魅友"对定价的意见,使公司充分了解消费者购买M8手机的心理价位。结果公司将根据"魅友"能接受的最高心理价位,反过来调整M8手机的配制和成本。2009年2月18日,当魅族手机M8在国内正式上市时,在魅族全国各专卖店的门口,竟然一早就排起购机的长队。

2012年年底,魅族科技公司准备改进M8手机的性能,首先在"魅友"论坛内部进行公开讨论。于是,有关M8手机的使用信息、评测文章纷至沓来。一位名叫sunnycb的"魅友"为M8手机提出了10大需要改进的地方;有一位魅友将使用M8手机时遇到的问题随时记录下来,作为该商品的义务检测员;更多的"魅友"将使用M8手机的心得发布在魅族的论坛上。魅族公司根据"魅友"的这些反馈意见,及时处理问题,然后再发布相应的手机升级软件,供消费者下载。魅族公司虽然成立了专门的手机软件中心,但是其中大部分软件却是"魅友"无偿提供的,或是由"魅友"提供的技术思路而编制的。

魅族的论坛实际上还承担着公司呼叫中心的职责。一旦有"魅友"在论坛上反映问题,公司售后服务部门必须马上做出处理。黄章要求公司每名员工都要在论坛上了解"魅友"的反馈,他自己几乎每天都会泡在论坛上。虽然他很少在媒体上露面,但是在魅族的论坛中,经常可以看到这样的标题:"老大回复了!在48楼!"或者这样的跟帖:"第一次离老大这么近。"在论坛上,"老大"显然特指黄章。有"魅友"专门制作了一款M8手机软件,可以及时追踪黄章在论坛里的发言。从2006年到2012年,黄章用j.wong这个用户名,在魅族论坛上发表了5820个帖子,平均每日发帖2.45个。他的帖子,也会引发论坛大讨论,有拍砖的,有力挺的,黄章也会以平等的姿态参与论战。

在中国很少有企业负责人能够像黄章一样,与用户如此近距离地沟通,也很少有企业能够把这种沟通的市场效应发挥到极致。每隔两周,魅族公司就会在论坛上发布手机固件的升级版本,增加新功能。这就可以使几百万用户在购买产品之后,还能够与魅族公司保持长期的互动。这不但可以使魅族公司在自己的论坛上聚集人气,而且能把用户牢牢地团结在公司的周围。据估计,魅族的铁杆"魅友"大约有10万人,绝大部分是男性,他们中有很多人是消费电子领域的玩家。这些"魅友"不只是魅族商品的购买者、消费者,他们还是魅族互联网信息的生产者和传播者。他们在论坛之外对魅族品牌带来的正能量是不可估量的,影响的人群可以达到上千万人的规模。

对于大部分"魅友"而言,魅族论坛已经成为他们生活的一部分,M8手机已经不仅是魅族公司生产的产品,更是所有"魅友"共同哺育的"婴儿"。

观察与思考

有网友这样评价"粉丝"的作用：

当您的粉丝超过100个,您就是自娱自乐;当您的粉丝超过1000个,您就像布告栏;当您的粉丝超过10000,您就像一本杂志;当您的粉丝超过10万,您就像一份都市报;当您的粉丝超过100万,您就像全国性报纸;当您的粉丝超过1000万,您就像是电视台;当您的粉丝超过1亿,您就像CCTV;当您的粉丝超过10亿,那您就像是春晚了。

拥有大量的"粉丝",您将会拥有杂志、报纸、电视台、春晚一样的影响力。就可以介绍、销售产品赚钱,帮别人转发微博消息赚钱,企业产品或品牌将更容易建立。现在就是一个"粉丝"时代,一个通过"粉丝"进行营销的时代。

对于上述观点,同学们怎么看？

第八章 顾客个性心理与购买行为

人的心理,毕竟因为环境、教育、经历、能力、智力发展水平等的不同,存在着很大的差别。在营销心理中,仅仅研究顾客的一般心理过程显然是不够的。还必须对不同的顾客,进行具体的心理研究。这就是顾客的个性心理。

第一节 顾客的个性心理

一、顾客个性心理概念

顾客个性心理是顾客在购物过程中,经常地、稳定地表现出来的各种心理特点的总和。它是构成顾客千差万别、各具特色购买行为的心理基础。

顾客个性心理有非常复杂的结构,主要包括个性心理倾向(需要、动机、兴趣、理想、信念、价值观、世界观)和个性心理特征(气质、性格、能力)。见图8-1。

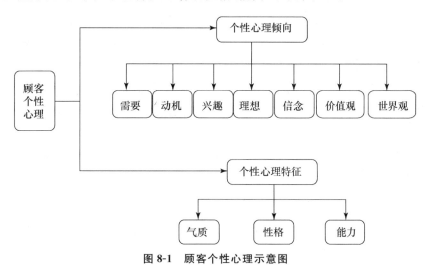

图8-1 顾客个性心理示意图

二、顾客个性心理的研究方法

通过对不同顾客购买行为的观察分析,可以总结出不同顾客个性心理的差异。研究、了解、掌握顾客个性心理差异的规律,不但可以解释顾客为什么采取这样的购买行为,而且可以在一定的程度上预测顾客的消费趋势。

运用间接观察法和直接观察法,可以研究顾客的个性心理。

间接观察法:通过记录、整理、查看顾客档案、预定信息、接待单等资料,分析顾客个性心理。企业的顾客资料越完整,样本顾客资料的数量越多,顾客个性心理的分析就越正确。

直接观察法:通过对顾客购物过程的直接观察,以及营销人员和顾客的沟通、交流、接触、观察、分析顾客个性心理。运用这种研究方法,要求营销人员有比较好的观察能力和分析能力。处在营销第一线的营销员,常常可以根据顾客的眼神、表情、言谈、举止等细微的变化,发现顾客特殊的购物动机,从而运用各种服务心理策略和灵活的接待方式,满足顾客的购物需求。

(一)观察顾客的体貌特征

从对顾客体貌、衣着的观察,可以初步判断顾客的年龄、性别、气质、职业、购买力、体质等情况。

对年老体弱的顾客,应该予以特别的照顾;对衣着考究的顾客应该注意礼貌待客,尽量满足他们的虚荣心;对穿着美艳的女性,可以适当恭维她们漂亮、时髦、有气质、高雅等;对衣着随便、其貌不扬的顾客,特别注意对他们人格的尊重;对结伴而来的顾客,应正确判断他们之间的相互关系,是夫妻,是朋友,是亲人,是情人,还是同事?还要观察在顾客群中,谁是购物的"核心"人物,谁是购物的"埋单者"。

(二)倾听顾客的言语

结伴而来的顾客,在购物过程中常常会交谈。营销员应该注意倾听他们的谈话,了解顾客购物的目的、心情和要求。当然,这种倾听应该是随意的,不能给顾客产生"偷听"的感觉。如果顾客是单独购物,就应该主动和顾客交谈,了解他的购物需求。

通过交谈,可以了解顾客的籍贯、身份、具体的购物要求等。如果能用顾客的乡音交谈,交易成功率会大大上升。这就是为什么香港企业在招聘营销人员时,会粤语、英语、沪语的应聘者优先录用的心理基础。

在交谈中,注意倾听顾客的要求,不要喋喋不休地介绍商品信息,免得顾客产生"卖力推销卖不出去商品"的负面印象。顾客如主动询问商品信息,可简明扼要地予以介绍。随着交流的不断深入,再深化有关商品的信息。

仔细揣摩顾客言语的含义,正确理解顾客表达的意思。如不清楚,一定要仔细询问,避免产生言语上的误解。

(三)分析顾客的肢体语言

有时可以从顾客的肢体语言如手势、动作、表情、行为举止等,了解顾客的心理状态。

广义的肢体语言还包括顾客佩戴的物件。例如有些潮人和品位比较高的女顾客,常常会用花卉、衣饰、首饰等小物件来表达她们最近的心情。通过对这些小物件的观察,也可以获得顾客的一些心理信息。

有时,顾客在做购物决策之前,会不由自主地做出一些表示回避的肢体动作。这时,营销员就不应打扰顾客,要退到一旁,增加与顾客之间的心理距离,减弱顾客的戒备心理,让顾客在没有心理压力的情况下,自主地进行购物决策。

(四)眼睛是心灵的窗户

顾客的面部表情可以传递很多内心活动的信息。尤其是顾客的眼睛,常常可以把他们快乐、忧伤、愁闷、忧郁等心理信息准确无误地表达出来。

红光满面、神采飞扬、眼睛炯炯有神，显然心情很好，最近很开心；面红耳赤是害羞或尴尬的表现；眉飞色舞是兴奋、喜悦的表现；皱眉蹙额是情绪不安或不满的表示；等等。

三、市场细分的个性心理依据

(一) 调查统计显示的个性心理

据中国人民大学舆论研究所参与完成的调查统计显示[①]，各年龄段的中国人有如下心理特点：

1. 女性花钱爱算计

女性购买行为调查见表8-1。

表8-1 女性购买行为调查表

特别仔细	比较仔细	不太仔细	很不仔细	不一定
12.4%	49.8%	20.7%	2.9%	14.2%

2. 花钱与年龄的相关性

年龄与购买行为调查见表8-2。

表8-2 年龄与购买行为调查表

特别仔细	比较仔细	不太仔细	最不仔细
60岁以上	40～59岁	30～39岁	20～29岁

3. 花钱与学历的相关性

学历与购买行为调查见表8-3。

表8-3 学历与购买行为调查表

特别仔细	比较仔细	不太仔细	最不仔细
高中以下群体	高中文化程度	大专以上	高学历、高职位

4. 花钱与职业的相关性

职业与购买行为调查见表8-4。

表8-4 职业与购买行为调查表

特别仔细	比较仔细	不太仔细	最不仔细
离、退休人员	农民、军人、职工	科教文卫人员	个体私营业主、管理人员、高校学生

(二) 市场细分的个性心理学依据

市场细分是市场营销中最重要的战略之一。市场细分的正确与否，直接影响企业目标群体的确定及销售业绩的好坏。

以不同的分类标准，对市场进行细分，可以有不同的细分市场。那么这种分类标准是

---

① 李淑贤.消费者心理对企业营销业绩的影响分析[J].山西煤炭管理干部学院学报,2007,(03).

怎么确定的呢？

它不是营销人员的主观臆想，而是有营销心理的依据。

例如以年龄作为市场细分的标准，是因为不同年龄区间的人群，他们的心理特点有比较大的差异性；以性别作为市场细分的标准，是因为不同性别的人群，他们的心理特点有比较大的差异性等。

不论对市场怎样进行细分，最重要的是每个细分市场的人群，必须具有基本相同的心理状态；不同细分市场的人群，他们的心理状态应该有比较显著的区别。

四、气质理论与营销心理

心理学的研究，把人的气质分为四种气质类型（动力特征），如图8-2所示。

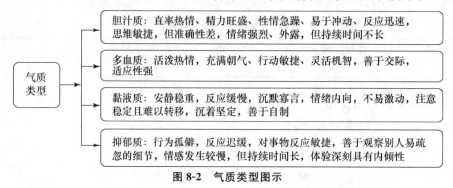

图8-2 气质类型图示

（一）气质理论对营销人员的意义

掌握顾客的气质特征，才能更准确地理解顾客购买活动的特点，在销售中因势利导，为顾客提供更好的服务；可以对市场进行准确的细分，使商品信息的发布更有针对性；可以有意识地对气质特点加以调节和控制，形成良好的个性，更适合营销工作岗位的要求。

（二）气质理论对营销管理的意义

气质理论可以作为招聘合格营销人员的心理依据。营销职业岗位需要有进取心、自信、热忱、外向、情绪稳定、富有幽默感等心理特点的人。因此，应优先招聘具有多血质气质特点的应聘者。

营销管理者可以根据营销人员的气质类型，合理地安排他们的工作岗位。例如多血质的营销人员热情、外向，比较适合人际关系方面的岗位；胆汁质的营销人员，常常会突发奇想，可以让他们从事广告策划一类的工作；黏液质的营销人员沉着冷静，比较适合理货、仓储方面的岗位；抑郁质的人不太适合营销职业，企业应该另行安排他们的岗位，或者予以辞退。

第二节 顾客个性心理的购买行为

从理论上来说，顾客的气质虽然可以分为四类，但是在营销实践中，绝对符合气质分类标准的顾客很少。在营销活动中，要根据顾客购买活动中的具体表现，灵活地进行接待。在营销实践中，顾客个性心理购买行为分类，见图8-3。

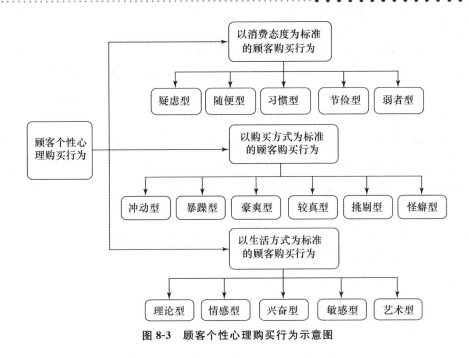

图 8-3 顾客个性心理购买行为示意图

一、以消费态度为标准的顾客购买行为

(一)疑虑型顾客

1. 疑虑型顾客购买行为的特点

(1) 缺乏决策能力。个性内向,行动谨慎,观察细微,决策迟缓。言谈中甚至有恐惧、疑虑的心理倾向。在选购商品时,常犹豫不定,没有主见。

(2) 不信任营销人员。对营销人员的商品介绍疑虑重重,会从反面提出否定性的意见。认同"买的没有卖的精"的经验法则,在心理上有意无意地进行抵制。

(3) 交易过程特别长。他们甚至会向营销人员反复询问同一个问题。挑选商品特别磨叽。

(4) 购买决策容易反复。在交易过程中表现出犹豫不定,想买又怕上当受骗,不买又确实需要。购买后容易后悔,商品退货率高。

2. 对疑虑型顾客的心理营销对策

对这一类顾客,营销人员的态度应该非常诚恳,接待要耐心仔细,主动介绍商品信息,加深顾客对商品的认知。根据顾客的需要,站在顾客的立场上,为他们出谋划策。在顾客挑选商品时提供价值判断的标准。营销人员应该根据顾客的购买要求,提供的标准既要符合顾客需要,又要尽量缩小商品的选择范围,减少顾客购物决策的难度。

当顾客长时间犹豫不决时,可以干脆告诉他们:"这些商品不适合您。"这种以退为进的心理攻势,往往可以出奇制胜,促使顾客做出买还是不买的决策。

(二)随便型顾客

1. 随便型顾客购买行为的特点

在实践中,常常会遇到一些要营销人员拿主意的"随便"顾客。在餐饮服务业中这种顾客特别多。

(1) 这些顾客对商品本身不很关心。或者因为他们缺乏购买经验,或者因为他们认为商品本身的价值对他们来说无足轻重;或者认为同质化的商品没有选择的必要,或者不愿意把时间和精力过多地浪费在购买过程中,或者顾客相信营销人员的诚信,或者是顾客的性格比较随和,"很好说话"。

(2) 乐于听取营销人员的建议。这些顾客在购物过程中,常常会表现出局促不安、手足无措、脸红心跳等心理反应。希望营销人员帮助他们摆脱购物的窘境。

(3) 购物过程比较短。他们会很快采纳营销人员的建议,对商品没有什么挑剔的行为。

2. 对随便型顾客的心理营销对策

营销人员不能因为这类顾客容易"对付",就有意识地坑骗他们。相反,不应该辜负顾客的信任,更应该为顾客利益的最大化着想。在服务或者交易过程中,应随时询问顾客的满意程度,进行反馈调节。

(三) 习惯型顾客

1. 习惯型顾客购买行为的特点

(1) 按照习惯购买。这些顾客对商品品牌非常忠诚,不会轻易改变自己的购买习惯。他们是商品的铁杆粉丝。

(2) 购买商品目的性强。作为习惯性的购物流程,效率高,需要的商品类别比较简单。

(3) 对流行商品、新上市商品的反应冷淡。不易受广告影响,也不受时尚和社会潮流的影响,很难让他们试用新上市的商品。这类顾客基本上是勤俭持家的工薪阶层。

2. 对习惯型顾客的心理营销对策

习惯型顾客是企业的老主顾,与营销人员有比较牢固的感情基础。他们需要什么商品,在什么时候来购买,营销人员非常清楚。可以提早预留他们需要的商品;或者定时送货上门,从而维系良好的客户关系。对老主顾,可以实行更加优惠的价格策略,推荐和他们的购买习惯比较接近的新商品。

(四) 节俭型顾客

1. 节俭型顾客购买行为的特点

(1) 勤俭节约。形成了根深蒂固的勤俭节约观念。即使有消费能力,也不会"乱"花钱。他们的生活方式非常简单。

(2) 在意商品的核心价值。选购购买商品的标准非常现实,只要求经久耐用、朴实无华,不需要商品其他的附加价值,也不在乎别人对他们消费方式的看法。

(3) 只接受可以省钱的营销战术,对各种花哨的营销战术不屑一顾。对营销活动中各种旨在吸引消费者眼球,目的是让消费者从口袋里掏钱的各种花哨的营销战术不但没有兴趣,而且非常反感。可是对打折商品却趋之若鹜。不喜欢商品有过多人为的象征意义。

2. 对节俭型顾客的心理营销对策

营销人员应尊重顾客的这种消费观念和传统美德。给他们真正的实惠。在接待顾客时,掌握"求真务实"的营销原则介绍商品的实际质量和基本功能。可以采取最节约营销成本的"裸销"方式。

（五）弱者型顾客

1. 弱者型顾客购买行为的特点

（1）对商品的认知水平较差。商店里经常会有老弱病残型的顾客光顾购物。他们只知道要买东西，却不知道应该买什么样的东西，也不知道买了以后怎么用，更不知道商品性价比等更为深奥的购物知识。买错商品的情况时有发生。

（2）体力、精力比较差。对购买体积比较大、比较重的商品，常常感到力不从心。

2. 对弱者型顾客的营销对策

对弱者型顾客，营销人员要坚守"童叟无欺"的职业道德，仔细询问购买的目的、用途，再耐心地向他们推荐适合他们需要的商品。对商品的包扎应该更仔细、更牢固；对体力不足的弱者型顾客，要帮助他们运输商品，最好能送货上门。为了防止他们买错商品，应该记下他们购买的时间、经过，在发票的背面简明扼要地写下"备忘录"，以作为退货时的依据。营销人员应该把交易过程看作是奉献爱心的过程。

二、以购买方式为标准的顾客购买行为

（一）冲动型顾客

1. 冲动型顾客购买行为的特点

（1）易受外部影响。冲动型顾客易受外部因素的影响或者诱惑。特别关注商品广告，甚至轻信广告传达的所有信息。他们会在一时冲动的心理状态下，突然做出购物的决定，或者凭着审美直觉判断商品价值，从而形成冲动购买。购买决策甚至可以在对商品没有明确认知的情况下一瞬间完成，不过容易产生后悔的心理。

（2）喜欢新上市的商品和流行商品。这些顾客体力充沛，精力旺盛，个性鲜明，富于幻想，喜欢接触各种新鲜事物，对新上市的商品和流行商品比较敏感，表现出浓厚的兴趣。他们是接受时尚的先锋，也是第一批"吃螃蟹的人"。

2. 对冲动型顾客的心理营销对策

这一类顾客是企业新上市的商品和流行商品最好的使用者和宣传者。营销人员应该有针对性地积极提供有关商品的信息，激发他们对新上市的商品和流行商品的兴趣。为了激励他们发挥"口碑效应"，可以给他们"内部价"、"会员价"、"试用价"等价格优惠，也可以请他们做义务市场调研员。

对这些顾客不需要详细介绍商品信息，只要简明扼要地阐述商品的特点就可以了。要引导他们自己去"发现"商品新的用途，从而使他们产生购物的乐趣。在交易过程中，要"赞扬"他们"眼光独特"，"购物决断"，"行为果敢"。

（二）暴躁型顾客

1. 暴躁型顾客购买行为的特点

（1）脾气较暴，容易发火。说话嗓门大，举止行为比较唐突。他们把交易过程看成是"零和博弈"的过程。总想控制交易的主动权，对营销人员施加心理压力。只要稍微有一点

不合他们的心意,就会恶语伤人,甚至"发飙"。

(2)自我意识强。交易活动中常表现出"自以为是"、"老子有的是钱"等心理优越感,会轻易否定营销人员的意见。他们希望营销人员是百依百顺的"奴仆",他们才是"真正的上帝"。

2. 对暴躁型顾客的营销对策

对这类顾客,营销人员要发挥微笑服务"以柔克刚"的"威力",特别注意言行低调、谦恭、赞美;态度要和蔼,言语要轻声细语,解答问题干脆利落,不模棱两可;提高工作效率、减少差错,争取交易的主动权;即使在交易过程中发生了摩擦,也应该无条件地主动承认过错,千万不能指责顾客,更不能与顾客争吵、打架。既要使顾客感受到关切、诚恳,又要避免可能产生误解,更不能有意误导顾客。

(三)豪爽型顾客

1. 豪爽型顾客购买行为的特点

(1)购物果断干脆,追求商品的使用价值。不喜欢听营销人员啰啰唆唆地介绍商品信息,喜欢干脆、讲"干货"、动"真格"。

(2)对商品的价格不很敏感。不会花时间了解商品不同的市场价格。他们的经济条件比较好,花钱比较大方。不会仔细挑选商品。在他们看来,对商品挑三拣四,斤斤计较商品的价格、质量、数量,是最让人看不起的"小家子气"。豪爽型顾客虽然对商品的价格并不在意,但是他们对营销人员的态度却很在意,喜欢听赞扬他们的话。

2. 对豪爽型顾客的营销对策

营销人员只要对他们简明扼要地介绍商品的功能、质量,以及该商品与其他商品的区别,就可以满足他们对商品信息的要求。在购物过程中适时赞美顾客的性格,成交率往往很高。

不能因为顾客豪爽而损害他们的利益。对这些顾客,应该以真诚之心讲清楚商品的缺陷、不足,让他们对商品有比较全面的认知后再考虑购买。

(四)较真型顾客

1. 较真型顾客购买行为的特点

(1)认真细致。这类顾客选购商品时特别认真;营销人员所说的每句话他们都特别认真地听;常常可以看出商品标价方面存在的问题。当他们发现商品标价小于商品的实际价格时,会认真要求企业按照标价出售商品。

(2)喜欢计较。这类顾客常常以自我为中心,一点小事都喜欢计较、情绪不稳、情感脆弱。常常有忧愁、多思、多虑的表情。

(3)追求概念的明确和理论的完整。基本上可以称为知识型的顾客,一般有很高的智力水平,也有较强的商品认知能力,对营销活动、法律法规等都比较熟悉。因此,对企业营销中存在的问题,他们会采取不依不饶的态度,与营销人员争论。他们争论的目的并不是贪图蝇头小利,而是追求概念的明确和理论的完整。

2. 对较真型顾客的营销对策

对于这些顾客,有些营销人员感到非常头疼,认为他们是小题大做,还有些人认为他们是无理取闹。这样容易使矛盾激化。

当产生营销分歧时,双方应该尽量做到"求同存异",缓和矛盾,增加彼此的相容性。顾客指出的问题一旦被证实,就应该勇于承担责任,不能文过饰非,更不应该推卸责任。应该分清责任,及时解决顾客提出的问题,给顾客一个满意的答复。

对他们指出的营销中的问题,应该真挚地表示感谢和欢迎,使他们感觉人格受到了尊重。

(五)挑剔型顾客

1. 挑剔型顾客购买行为的特点

(1) 自主性强。这类顾客一般有较多的购买经验和对商品的认知。在购买商品时主观性强,不喜欢营销人员在旁边指手画脚。

(2) 观察、比较能力强。他们能看到别人不易观察到的细微之处,检查商品极为仔细,有时甚至达到苛刻的程度。

(3) 精打细算。挑剔的目的是"花最少的钱,获得最大的经济利益"。他们在购买前会左思右想,对同类商品不厌其烦地进行比较。他们始终记住"货比三家不吃亏"的格言。他们是市场上最能"还价"的顾客,甚至会花很多时间与营销人员进行价格谈判。

(4) 选择商品有完美情结。这类顾客对商品的价格变化比较敏感,很注意商品外形、款色、质量的完美无缺。

(5) 不断提出问题。他们在挑选商品的同时,会提出各种问题要营销人员回答。还会不断"抱怨"商品的种种瑕疵。这种"抱怨",实际上是要求营销人员给予价格优惠的一种手段。

2. 对挑剔型顾客的营销对策

对商品越挑剔的顾客,就越有购买的欲望。企业应该重视这类顾客,给他们耐心、周到的服务。即使不成交,也仍要彬彬有礼地请他们再次光临。这些顾客眷顾的回报,就是"口碑效应"。

有些营销人员对这类顾客常常表现出不耐烦的心理,甚至把他们称为"杀价狂"。如果价格确实还有利润空间,不妨适当让步,以满足他们"喜欢砍价"的"心理需求";如果没有让价的空间,或者商家对商品价格很自信,也可以对顾客坦诚地说:"这已经是最低价了。""我想您一定比较过很多商店,我们的价格是最低的。"还可以采取诉苦的办法:"现在生意不好做。商店的处境也很难。"博得顾客的同情、宽容和理解。

(六)怪僻型顾客

1. 怪僻型顾客购买行为的特点

(1) 傲慢偏执。他们常常表现出傲慢、盛气凌人、不可一世的姿态。动不动就以"上帝"自居。

(2) 不同于常人的思维方式。他们的思维方式,一般人很难理解。常常会提出一些令人不解的问题和难以满足的要求。

(3) 自尊心强。他们不会接受营销人员的意见或者建议,并因此与营销人员发生争执。

(4) 自我保护。这类顾客性格比较内向、沉默寡言、心胸狭窄、缩手缩脚、小家子气,给

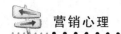

人不合群的感觉。交易过程显得冷淡无趣。

2. 对怪僻型顾客的营销对策

"进门就是客"。无论什么类型的顾客，都应受到尊重。不能因为顾客的性格怪僻而拒绝为他们服务。如果营销人员能诚心诚意地提供优质服务，他们极有可能成为企业的忠诚顾客。

不要计较他们的怪僻，更不能表示反感。应尽量满足他们自尊心的心理需要；对他们要尊敬有加；不要对他们提出的怪异问题置之不理，更不能嘲笑、耻笑。应循着他们的思路考虑问题，甚至可以采取"以毒攻毒"的营销方式，以怪异来对怪异。

三、以生活方式为标准的顾客购买行为

（一）理论型顾客

1. 理论型顾客购买行为的特点

（1）对商品信息的认知比较全面。购买前注重搜集商品品牌、价格、性能、售后服务等信息，并将其作为判断商品性价比的依据。

（2）喜欢自主判断。他们喜欢独立思考，不希望营销人员对他们进行过多的购物指导、过多地介入他们的思维过程。在购物过程中不动声色，很少与营销人员有言语交谈，更没有情感的交流，只专注于对商品的识别、比较。

（3）购物目的性强，购买决策比较谨慎。他们在购买目标商品的过程中，选择的时间比较长，有的顾客还会多次去挑选商品。一般不会在商场内闲逛。较少有盲目购物的冲动。

（4）追求商品的性价比。他们知道自己需要什么样的商品，希望买到的商品能物超所值。他们不会超出经济能力购买奢侈品，也不会购买暂时不用的商品，特别注重商品的实用功能和质量，讲究经济实惠和经久耐用。

2. 对理性型顾客的营销对策

对这类顾客，营销人员不需要过多的导购介绍，只要言简意赅地回答顾客的问题。即使提出咨询性的建议，也应该充分考虑顾客的自信心理，最好让顾客觉得所有的购买决策就是他们独立决定的。在接待过程中，应说一些赞美的话满足他们的虚荣心，使他们在购物过程中感觉良好。诚恳接受他们的意见，欢迎他们经常来指导工作等。

（二）情感型顾客

1. 情感型顾客购买行为的特点

（1）购物与情绪有关。他们往往没有明确的购买目的。有些顾客如果心里感到忧郁、苦恼，或者感到非常高兴，就会疯狂购物。他们会把购物作为发泄感情的渠道。这在有购买力的情绪化的女性中表现得尤其充分。

在购物过程中，也可能表现出责备、抱怨等消极的情绪。这是他们缓解、转移内心情感的一种心理表现。营销人员应予以理解。根据具体情况，可以适当对顾客进行心理疏导，如赞同他们的抱怨，对他们的心理感受表示关心、理解和同情等。千万不能因为自己成了他们的心理解压阀、出气筒而感到委屈，更不能与顾客争吵。

(2) 热情、随和。有较好的感情沟通能力。对营销人员热情、随和,能认真考虑营销人员的购物建议。

(3) 有丰富的想象力。这类顾客的想象力丰富,可以创造出商品新的使用价值。

(4) 常有恋旧情结。这类顾客感情丰富,对老、旧物件有感情。会流露出怀念、依恋的情感。

2. 对情感型顾客的营销对策

应该注意观察顾客的情绪变化。如果看到顾客的心情不好,应该尽量说一些轻松的话题;或者通过幽默的言语,让顾客的心情好起来;也可以通过介绍商品,转移顾客的注意力,从而减轻顾客的消极情感。接待的基本原则是"用生活的阳光来驱散情感的阴霾"。这样就能顺利完成交易。

如果顾客的心情非常好,应该鼓励他通过购物强化这种好心情,千万不要给顾客的好心情泼冷水。可以说一些祝福之类的话。

顾客的恋旧情结,可以给企业带来商机。广州街头看到的"红卫兵照相馆"、"人民公社食堂"、"老兵商店"、"知青用品商店"等,就是利用这些顾客的恋旧情结。

(三) 兴奋型顾客

1. 兴奋型顾客购买行为的特点

(1) 自由浪漫。这类顾客生活态度比较浪漫。追求自由、随性的生活方式。性之所至,就会即时消费。他们联想丰富,但不能自觉地、有意识地控制情绪。没有固定的商品选择标准,有时候会重视商品的质量,有时候却特别在意商品的外观,有时也会受促销宣传的诱导而盲目购物。

(2) 喜欢逛街。这一类顾客最喜欢逛街。特别愿意购买新奇、新潮、新鲜的商品。兴奋型顾客一般以女性居多。为此,营销心理总结出这样的一个经验规律:"男人为购物而购物;女人为休闲而购物。"很多男人不喜欢陪太太或者女友逛街,符合营销心理规律。

(3) 态度友善。他们对营销人员特别友善。在购物过程中买卖双方常常会有充分的感情交流,谈话内容比较广泛,甚至会涉及购物以外的事情。

(4) 有充裕的空闲时间。这些顾客没有时间概念,是有钱有闲一族,常常会占据营销人员过多的时间资源。

2. 对兴奋型顾客的营销对策

这类顾客试用新品的积极性很高,常常是新品上市后的第一批顾客。营销人员应围绕他们的兴奋点,主动介绍新品知识,演示新品功能,让他们体验新品的乐趣。要倾听他们对新品的意见和建议,寻找共同关心的话题,建立和谐、融洽的交易关系。

如果营销人员还有其他顾客需要接待时,可以友善地建议他们自己体验,不必因为拘泥于接待这些顾客而怠慢了其他的顾客。

(四) 敏感型顾客

1. 敏感型顾客购买行为的特点

敏感型顾客对顾客让渡价值比较敏感。可以细分为感性敏感型和理性敏感型两个类型。

(1) 感性敏感型顾客购买行为的特点。

第一,对商品价格、对赠品的反应比较敏感,希望以最低的价格获得尽可能多的赠品。一些顾客甚至把赠品数量的多少作为购买决策的依据。他们对赠品的关心程度,甚至超过对商品使用价值的关心。

第二,为低廉的价格,购买临近保质期的商品。

第三,有的顾客,甚至会产生"买椟还珠"的心理效应①。

(2) 理性敏感型顾客购买行为的特点。

理性敏感型顾客虽然也关心价格和赠品,但是他们知道"一分价钱一分货"的道理。

第一,不盲目追求商品的低价,会综合考虑顾客让渡价值的总成本:价格、时间、精力、体力、方便等各种因素。

第二,不会购买临近保质期的商品。

第三,既要看赠品的多少,更要看赠品的耐用性、实用性、匹配性,以及有用性。

2. 对敏感型顾客的营销对策

对感性敏感型顾客,可以通过促销活动,很容易吸引他们购买。对理性敏感型顾客,在赠品的组合设计方面,应该费点心思,不能糊弄顾客。过了保质期的商品,不应该作为赠品促销。

在交易接待中,应该动之以情,晓之以理。注意礼貌用语,多赞美顾客的眼光,配合现场的气氛,达成交易。

(五) 艺术型顾客

1. 艺术型顾客购买行为的特点

(1) 注重商品的外在形式。在保证商品核心价值的前提下,更看重商品的外在形式。这类顾客喜欢商品艺术化的内、外包装,也喜欢造型别致、色彩鲜明、富有艺术气息的商品。

(2) 有一定的审美情趣。这类顾客在购物中,常常表现出他们的审美情趣。愿意到环境清静、格调高雅的购物场所购物。有特殊情调的购物场所更是他们的首选。

(3) 对商品价格不敏感。他们认为,艺术无价。对自己喜欢的、有艺术品位的商品,会慷慨解囊,不太在乎商品的价格。

2. 对艺术型顾客的营销对策

这类顾客一般有比较雄厚的经济实力,消费水平比较高。个人的气质高雅。也有欣赏商品艺术品位的能力。营销人员应该为他们提供最好的、最有艺术价值的商品。对他们的接待,最好选派业务能力强、具有一定艺术素养、有亲和力的金牌营销人员,使他们能得到尊贵的服务。如果能够采取贴身服务、精细服务、量身服务,就能使这类顾客满意。

---

① 楚国有一个珠宝商把珠宝运到郑国的市场去卖。珠宝装在由名贵木兰树木制成的盒子里。盒子充满了桂椒的香味,盒子外面还用珠玉点缀,用翠鸟的羽毛进行装饰。郑国有一个顾客对这个盒子喜欢不得了。付了银子以后,把盒子留下了,却把里面的珠宝还给商人。请同学们对这个寓言故事进行发散性的思维。看看大家有多少种不同的观点。

第三节　细分市场的顾客个性心理

可以分别以年龄结构、性别结构、需要结构、家庭周期、区域结构、价值结构等不同标准，对细分市场的顾客个性心理进行分类，见图8-4。

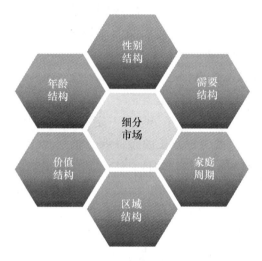

图8-4　细分市场的顾客个性心理

一、年龄结构的顾客心理个性

在年龄结构细分市场中，还可以对不同年龄段顾客的个性心理进行分类，见图8-5。

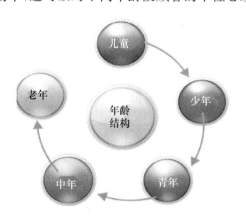

图8-5　年龄结构细分市场的顾客个性心理

（一）儿童、少年的顾客心理个性与营销

这一细分市场包括14岁前的儿童、少年。在我国，这个年龄结构的人群约占38%～40%，是一个非常广阔的市场。

1. 儿童、少年消费心理的发展过程

儿童、少年的消费心理随着对消费品认识的发展而不断发展。主要有以下几点特征：

(1) 从纯生理性需要向有社会内容的需要发展。逐渐有个人需要的意识和对商品的评价意识；消费观念由受家庭影响，逐渐转向受同龄人的影响。

(2) 从模仿性消费向有个性特点的消费发展，购买行为从依赖型向独立型发展。面对众多的同类商品，逐渐能提出购买的选择和要求。个性心理在商品消费的过程中不断表现出来，自己能独立购买低值消费品。

(3) 消费心理不断成熟。消费情绪从很不稳定向稍微稳定发展，调节、控制情感的能力也在不断增强。购买意识趋于稳定，对商品的品种、品质、花色、样式、性能等，能做出初步的判断，逐步形成购买习惯。

2. 儿童、少年消费品市场的营销心理

(1) 针对儿童消费心理特点进行商品定位。儿童只是商品的消费者，不是商品的购买者。儿童商品的营销对象是家长。少年虽然有一定的购买能力，但是商品的主要购买者仍然是家长。营销这类商品，既要考虑家长的经济承受能力，也要考虑少年的消费意向。

少儿消费品的档次可以拉开。一方面，应该为消费水平高的家庭准备高档的商品，满足这些家庭"望子成龙、望女成凤"，舍得为"独生子女"花钱的心理；另一方面，很多家庭对孩子消费的投入，是以降低父母的生活水平为代价的。企业应该考虑提供价廉物美、大众化的中低档商品。商品只有合理定位，才有好的效果。

(2) 不同的接待风格。对自购商品的孩子，应该用孩子听得懂的言语接待。交代要仔细，做到诚实经商；对家长埋单的商品，要针对家长的心理与经济条件，提出购物建议。

(3) 商品应直观形象。少儿只凭简单、直观的感觉判断商品的好坏，甚至只是为了满足好奇心和追求时尚而购买商品。为此，企业要充分发挥商品直观、形象的作用，把商品的厂牌、商标，逐步印入少儿的头脑中，这对商品销售和市场开拓有长远的影响。现在很多家长就是怀着儿时对麦当劳、肯德基的美好情感，带着他们的孩子走进麦当劳、肯德基。

(二) 青年期市场的营销心理

15～35岁称为青年期，占我国总人口的32%。这是一个人口众多、消费量大的市场。

1. 青年期的消费心理特征

(1) 追求时尚，表现个性。青年人内心丰富激烈，情绪热烈奔放，感觉敏锐，易于接受新事物，富于幻想。这种个性心理反映在商品需求方面，就是追求时尚、表现个性，符合潮流发展和时代的精神。

(2) 标新立异，崇拜偶像。在消费中求新、求名、求美、求洋的心理动机强烈，喜欢标新立异，要求商品有特色。他们是高档商品的购买者。大多数青年有追星的心理倾向，明星广告对青年人购物有很大的影响。

(3) 注重情感，直觉选购。情感和直觉在青年人的购物过程中有重要作用。他们特别看重商品的外形、款式、色彩、商标。具有果断、迅速和反应灵敏的特点，容易形成冲动购买。

2. 青年期消费品市场的营销心理

青年处于消费高峰期，又有追求时尚和冲动购物等个性心理特征，加之他们的收入不断增加,用于自身消费的比重最大,市场潜力很大。青年对新产品有好奇之心,企业应该开发适合青年人心理特点的高档、时尚、新颖的商品。

(三) 中老年期市场的营销心理

联合国规定:35～60岁为中年期;60岁以上,称为老年人。老年人占全国人口总数10%以上的国家,称为老年型国家。

1. 中老年期的消费心理特征

(1) 中年人消费能力相对较弱。中年人的收入虽然比青年人高,但是"上有老,下有小",负担最重。因此,中年人自身消费不多。

他们在退休前,有一个缩减生活费,增加储蓄的阶段,以备养老之用。

老年人勤俭度日,退休金基本够用,多余的钱会贴补子女。

(2) 消费需求稳定,消费理智。从维持家庭生活的现实考虑,中老年期不再追求丰富多彩的个人消费,采取理智型和经济型的购买方式。很少出现消费冲动,他们理智、求实、从众随俗,遵循传统的消费习惯。艰苦朴素、勤俭持家的观念根深蒂固,常有恋旧情结,在耐用品没有真正失去其使用价值前,不会购买新商品,也不接受时髦商品。

(3) 保健品和医疗费用的支出明显增加。健康是中老年期最重视的问题,也最能影响他们的消费心理。他们不再喜欢高脂肪、高胆固醇的食品;穿、用部分的消费比重逐渐下降,保健品和医疗费用的支出有明显增加。

2. 中老年期消费品市场的营销心理

从消费心理来看,老年人喜欢省事、省力的成品或半成品食品;希望食品有利于身体健康,愿意购买低糖、低盐、低脂肪的各种袋装营养保健食品;愿意为子女购买汽车、住房;希望有适合中老年人的各种娱乐活动;希望家用电器小型化。老年市场的消费潜力很大,有待企业大力开发。

二、不同性别消费者的心理特点

不同性别的顾客,生理和心理特点不同,表现出不同的个性心理。

(一) 女性顾客

我国女性人口占总人口的48.7%,其中20～54岁的女性,约占总人口的20%,女性在营销活动中起着特殊的作用。她们不但购买自己需要的商品,而且购买家庭需要的商品。有文献调查表明,家庭消费品的购买,女性承担的占55%,男性购买的占30%,夫妻一起购买的占11%,小孩购买的占4%。

1. 女性消费心理特征

(1) 对商品的需求范围广、层次多。大多数女性是当家人,凡是家庭所需的商品和礼品,都是她们关心和购买的。

(2) 购买商品受外界影响大。女性情感比较丰富,又有不稳定性和依赖性,容易受外界因素的影响,产生模仿、从众等心理效应,这种影响特别表现在发型、面部化妆、首饰和衣服鞋帽、家庭陈设等商品上。

2. 女性的购物心理

(1) 注重商品外观形象与情感特征,是商品的"完美主义者"。女性选购商品注重美感,对营销人员的情感营销比较敏感。她们选择商品时间长,观察仔细,甚至有"吹毛求疵"的选择习惯。

(2) 注重商品的实用性与实际利益。女性经常购买物品,关注商品信息,购买动机比较强烈,也比较注意商品的性价比、便利性,对商品有独特的联想。

(3) 有较强的自我意识与自尊心。女性常常有自己的购物标准。营销人员应根据她们的购物标准来推荐商品。应对她们适当地恭维,以维护她们的自尊心和虚荣心。

(二) 男性顾客

男性商品市场与女性商品市场相比,无论是市场规模、商品品种与规格,都相差甚远。因此,男性商品市场是很有发展潜力的市场。

1. 男性消费心理特征

(1) 购买能力强,消费水平低。男性收入水平明显高于女性,可是男性个人购买力明显低于女性。在经济较发达地区,表现更为明显。男性对烟、酒等商品的需求量比较大。

(2) 小额交易放权,大额交易揽权。对于日常用品的小额交易,男人一般不管;对于住房、汽车及耐用品的大额交易,男性往往有决策权。

2. 男性的购物心理

(1) 购物目的性强。男人不喜欢逛街,很少花时间了解商品信息,也不愿意接收过多的商品信息。他们购物的时间短,购物目的明确,常常是"直奔主题"。冲动型购物的人比较少。男性购物一般强调产品的效用,不太讲究商品的美学因素。购买决策比较果断,不会对商品反复比较、挑选。只要商品没有大的缺陷,就会很快埋单。购买行为受理性支配,购后也很少后悔。对商品价格的敏感性远低于女性,不善于讨价还价。

(2) 喜欢接受营销人员的商品推荐和购物建议。在购物过程中会要求他人的帮助。营销人员应该给他们尽可能多的帮助,做他们购物的参谋。

三、不同需要结构消费者的心理特点

人的需要是多方面的。以需要为标准进行市场细分,显然很复杂。

(一) 生存需要结构人群的心理特点及营销心理

这类群体,基本上处于温饱型和小康型阶段。他们的购买力水平比较低,对钱袋子捂得比较紧,对商品价格的敏感性比较高。按照经济学中恩格尔系数规律,他们用于食品方面的费用比较多。

企业应该根据他们的购买力水平,提供价廉物美的大路货商品,尽量减少商品的功能,降低成本,扩大销售。

(二) 安全需要结构人群的心理特点及营销心理

现代化社会在为公众提供丰富的商品的同时,也给人们带来了种种不安全的因素。例如电热水器触电致人身亡;食品安全引起全社会的震惊:50多种老百姓常用的食品,被曝光含有有毒的成分,引起公众极大的恐慌——地沟油、三聚氰胺奶粉、苏丹红、瘦肉精、甲醛啤酒、甲醇勾兑白酒等的普遍存在,使公众感叹:"如今已经没有什么放心的食品了。"

这使很多公众把商品的安全问题作为购物的第一要素来考虑。针对公众的这种个性心理,企业应该自律、诚信,保证商品的安全性,才能征服公众的人心。

四、价值结构人群的心理特点及营销心理

价值结构细分市场的顾客个性心理,还可以根据求尊重、求方便、求性价比、求享受等不同的价值诉求点,作进一步的分类,见图 8-6。

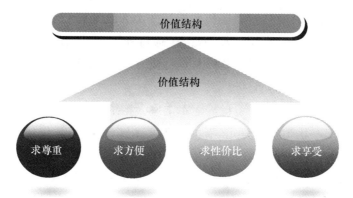

图 8-6　价值结构细分市场的顾客个性心理

(一)求尊重的心理

人人都有自尊心、虚荣心的需求。这种需求只有通过社交才能得到满足,交易也属于社交的范畴。因此,人们都希望通过购物得到社会的尊重,营销人员的服务就能够满足公众的这种心理需要。

(二)求方便的心理

现代生活的快节奏,使得公众的心理越来越追求能给他们的生活带来方便的商品。方便食品就有了广阔的市场。

企业的营销活动如果能从节约顾客的时间,为顾客使用商品提供方便入手,也一定能获得顾客的欢迎。

(三)求性价比的心理

很多人以为只有购买力比较低的顾客,才比较看重性价比。其实,追求性价比是一种心理的价值取向。即使经济条件很好的人,只要有这种心理价值取向,也会追求性价比。到高档酒楼就餐的顾客,消费水平高。他们并不在乎价格,只在乎他们的付出"值不值"。这就是性价比的问题。口味与营养结合,色、香、味、形、饰俱佳的菜肴,优美的环境和良好的气氛,优质的服务,才能使这些顾客感到物有所值,获得心理平衡。

(四)求享受的心理

1. 享乐是一种心理价值取向

在已经富起来的人们的心里,追求享受越来越成为他们人生价值的一部分。别墅、高

级轿车、豪华饭店、出国旅游、奢侈品等,都是能满足人们追求享受心理的商品;越是"食不厌精、脍不厌细"的食物,就越能体会到舌尖上的享受。企业应该为这些顾客提供高档次的商品和服务。当消费者享受到过去只有帝王将相、财阀大亨们才能享受的商品和服务时,他们的心理会感到极大的满足。

过去人们有一个心理误区:认为追求享乐是资产阶级思想。随着生活水平的提高,享乐越来越成为人们的一种心理价值取向。

2. 享乐和幸福的关系

享乐需要的实质是对幸福的向往。幸福则纯粹是一种主观的心理感受,它必须通过一定的物质形式表现出来。然而,幸福和享乐又并不完全是同一个概念。在有些人看来,享乐就是对高档商品的追求、享用。凡勃伦在《有闲阶级论》一书中写道:"在任何高度组织起来的工业社会,荣誉最后依据的基础总是金钱力量;而表现金钱力量,从而获得或保持荣誉的手段是有闲和对财物的明显浪费。"[1]

中国奢侈品消费在2011年坐上世界冠军宝座。据统计,截至2011年12月底,中国奢侈品市场年消费总额已达126亿美元(不包括私人飞机、游艇与豪华轿车),占据全球份额的28%[2]。富人炫富、斗富的心理,使得奢侈品远离其稀缺、孤独、尊贵的本质和文化底蕴。

无数消费实践证明,在保证基本生活条件的前提下,最奢侈的生活和一般的生活,对人的幸福感来说,并没有本质的区别,关键只在于人的心理变化。

3. 奢侈品消费心理的特点

第一,体现个人的财富和社会地位——凡勃伦心理效应。中国奢侈品消费主要集中在高级时装和服饰、香水、皮包、手表、豪宅、名车、名酒、珠宝首饰等日常生活用品。目的是炫耀自己是"先富起来"的一类人,向社会证明自己的能力、财富和社会地位,获得心理需求上的满足。这一消费心理现象,最早被美国经济学家凡勃伦发现,称为"凡勃伦心理效应"。

掌握了"凡勃伦心理效应",企业就可以利用它进行营销策划。借助媒体的宣传,把商品转化为市场声誉,使商品笼罩在"高贵典雅"、"超凡脱俗"等光晕之中,激发有钱人产生"凡勃伦心理效应"。

第二,死要面子活受罪的"攀比心理效应"。一般来说,奢侈品消费是有钱人的游戏。可是在特殊条件下,有的顾客也会超过消费能力购买消费品。其直接后果就是减少其他的正常消费。

如果社会群体不存在层次的上下交流,那么某个群体中所有的个体,在消费习惯、消费水平等方面基本一致,这就可以弱化攀比心理。当社会使不同层次的社会群体发生变迁时,就很容易产生攀比心理。山沟里的穷孩子到了大城市,看到同龄人和自己在消费水平方面存在着极大的差距,会滋生出自卑心理、虚荣心理,进而产生攀比心理。

---

[1] 〔美〕凡勃伦.有闲阶级论[M].北京:商务印书馆,2004.
[2] 中国奢侈品消费全球第一的隐忧[J].半月谈,2012(01).

案例　一个真实的故事

17岁的高一学生小王,看到同学用的iPad2平板电脑很潮,他也想买一个。他知道家里没钱,不会满足他的需要。一次,他在浏览网页时,发现网上有卖肾的交易:"一个肾可以卖2万元。"

2011年4月,小王在网络中介的安排下,瞒着父母从安徽到湖南郴州卖肾。拿到2.2万元后,他立刻去买了一台iPad2[①]。

课堂讨论

你对小王的购买行为,有些什么看法?

五、各个生活周期人群的消费心理特点

处于单身期、婚恋期、养儿育女期、空巢期的不同人群,他们的心理特点是不同的。

(一)单身期人群的消费心理特点

单身期有两类:一类是"空窗期",包括暂时单身、未婚,以及离婚、丧偶后还没有再婚的人[②];另一类是"心理期",是指想尽情享受单身贵族生活方式的人。单身期人群没有家庭负担,消费能力强,也有不同于其他人的特殊消费心理倾向。

1. 消费是为了宣泄孤独的心理

和圣诞节、情人节具有的温馨、浪漫的气氛不同,光棍节总是笼罩着一种孤单、凄凉、悲苦的心理气氛。从表面来看,"光棍"、"剩女"们的活动折腾得挺热闹,可是他们的内心总摆脱不了失落感。

2. 社交心理需求

很多单身男女渴望与异性交流,却没有机会和胆量。把"光棍节"办成"异性交流会",就可以为"彻底脱光"(摆脱光棍生活)创造条件。在这种心理支配下,"光棍节"才异乎寻常的热闹。

3. 为开心找一个理由

光棍们过"光棍节",更多地是为了寻求心理安慰,给自己找一个"快乐"的理由,调节单调、枯燥的宅男、宅女生活。形形色色的光棍节礼物,迎合了他们喜欢"雷"、"潮"的心理,表达他们自娱自乐的无奈、调侃等心理状态。

4. 价格让人心动

营销有一句名言:"有需求,要消费;没需求,创造需求也要消费。"网购的各种促销活

---

① 17岁少年为买iPad2卖肾[N].千山晚报,2012-04-07.
② 离婚或者失偶没有再婚的男女单身,有的文献也称为"空窗期"。处于"空窗期"的男女,也许已经不是青年人了。可是从市场细分的角度应该属于这个消费人群。当然,这部分人群的消费心理比没有结过婚的年轻人要复杂得多。我们这里不讨论这些人群的消费心理。

动,放大了光棍们宣泄情感的消费需求。光棍节时的网购价格只有平时的50%,怎会不叫人心动？尽管"秒杀"让光棍们的心中充满了焦虑感,可是也有一种成就感或者快感;尽管他们有可能遭遇价格欺诈,可是单身族仍然毫不犹豫地掏钱;尽管不能及时收到"光棍节"的应时商品,剩男剩女们购物的热情丝毫没有减少。这一切,都与"价格为王"的消费心理有着密切的关系。

单身期的男女工作紧张、繁忙,他们特别追求自由、快乐,以及有情趣、有意境的生活。他们对异性有期待、有期盼,既有想早日结束"单身"生活的心理动向,又想继续过目前这种没有任何负担、不需要承担任何社会责任的快乐生活。企业的营销活动只要抓住这种心理需求,提供诚实、体面、符合他们需要的商品,就有商机。

案例 "光棍节"的销售盛宴

每年的11月11日,民间约定俗成称为"光棍节"①。这个具有中国特色的"光棍节",如今已成为中国零售企业的"狂欢节"。阿里巴巴在2012年11月11日公布的数据称,在"光棍节",阿里巴巴5万家网络商户累计营业收入超过191亿元人民币;20家最大的电商合计销售额全天突破300亿元人民币。而美国圣诞新年购物高峰日全国所有网购企业的零售额也只有12.5亿美元。

从光棍节的火爆,可以进一步研究单身期人群的消费心理。

课堂讨论

你对光棍节的营销活动有什么看法？

（二）婚恋期人群的消费心理特点

很多人认为,结婚是人生的一件大事。多消费是人之常情。新家庭的建立,象征着美好生活的开始。新婚消费的心理是：求新、求美、求全。

企业应该研究婚恋期群体的心理特点,发现商机。

案例 爱她就给她买哈根达斯

这是哈根达斯冰激淋最有名的一句广告词,它是对热恋情人的一种诱惑和暗示。

哈根达斯冰激淋与永恒的情感结缘,把商品甜蜜与热恋的甜蜜连接在一起,吸引恋人们频繁光顾。对于恋人来说,吃哈根达斯和送玫瑰花一样,关心的只是爱情,是男友对女友的那份感情,并不一定是商品本身。哈根达斯专卖店的装潢、灯光、线条、色彩的运

---

① "光棍节"既非"土节",又非"洋节"。起始于20世纪90年代初的南京高校。通过网络等媒介的传播,逐渐形成了"光棍节文化",成为年轻人的一个特别日子。商家看到了这个商机,把2011年11月11日作为电商的光棍节,刻意通过各种促销活动,打造成商家的销售盛宴。

用,无不散发出浓情蜜意和情侣激情相拥的浪漫情景,更增添品牌蕴含的感情深度,把小资情调的消费提升到了浪漫的高度。

哈根达斯价格不菲,性价比很低。一小盒不到50g的冰激淋,售价79元。可是如果把它作为"爱不爱她"的标准,那就要另当别论了。

"哈根达斯,爱情沉淀在第一口的味道,直到永恒。"

"爱情,也许就是那一口哈根达斯的味道。"

这种"煽情",就是哈根达斯溢价的理由。在这样的消费环境里,即使标价179元,男人也会为心爱的女人慷慨解囊。

哈根达斯的广告词,有着强烈的煽动性。哈根达斯的高价策略建立在人们价格心理的基础之上:只要有溢价的理由,价格可以不成比例地提高;定价较高的商品,顾客认为它一定有溢价的理由。哈根达斯利用的就是恋人之间的"情调"心理和对爱情的"测试"心理。

美国人买哈根达斯是因为它便宜;中国人买哈根达斯是因为它贵!这就是心理效应的奇妙作用!

> **观察与思考**
> 用同样的分析方法,你知道星巴克应用什么样的心理效应吗?

(三)育儿期人群的消费心理特点

处于这个时期的人群,有较重的家庭负担,要生儿育女、赡养老人。这一阶段消费心理的特点是:

1. 个人消费趋于最低

对于收入非常有限的普通人来说,要负担三代人的消费,确实非常拮据,只能降低夫妻两人的消费水平。

2. 消费重点在下一代

在中国大多数的家庭中,"再穷不能穷孩子"的心理非常强烈,特别是计划生育国策贯彻以来,优生优育观念深入人心,从而在很大的程度上影响家庭的消费决策。

改革开放以来,很多新婚家庭的经济生活水平比较高,社会、家庭环境比改革开放以前都相对优越,社会物质生产供应比较充分,使婴幼儿能享受到丰富的物质生活。80后、90后的夫妇,对新产品的心理适应能力强,愿意使用、追求新鲜的事物来改变原有的生活方式。他们喜欢网络购物,常通过网络购买婴幼儿必需的生活用品;他们注重品牌,但并不盲目追求品牌,比较注重商品的式样与品质,特别关注商品对婴幼儿发育的安全性;他们既可以通过和同事、朋友的沟通,了解有关婴幼儿消费的各种信息,又愿意通过网络介绍,购买符合他们个性的商品。这使他们的购物视野更加开阔,接收商品信息的渠道方式也更加多元化。

"不能让孩子输在起跑线",已经成为家长们共同的心理认知。社会为了满足这些家长对开发孩子智力、才艺的需要,提供了各种各样的教育产品,例如奥数班、补习班、特长班、兴趣班等,从而增加了家庭在这方面的费用。

《中国家庭育儿方式研究报告(0—6岁)》显示①,在中国特大型城市,婴幼儿家庭月均育儿支出占家庭总收入的20%;把孩子养到6岁的平均花费,达11.8万元。

(四)空巢期人群的消费心理特点

传统的"空巢家庭",只是指老年人的"空巢"现象。随着城市化的推进、观念改变、住房改善、求学、出国、打工、结婚等人员流动,中年人的"空巢"现象也越来越普遍。因此,现在的"空巢家庭",应该细分为"老年化空巢家庭"与"中年化空巢家庭"两大类。生活方式的这种转变,对消费心理有重大的影响。

1. 老年化空巢家庭

空巢中的老人年龄超过60岁,经济来源单一,依靠养老金维持生活;有相当一部分老人,靠子女赡养,或者依靠社会福利保障。他们消费能力差,消费观念落后。他们的心理障碍是觉得"拖累"了子女,常有"不想活"的心理。

老年商品的利润比较低,又不是消费主流,商家没有多少兴趣,老人购物常受商家冷遇。实际上,它却蕴含着很大的商机。例如,可以未雨绸缪,培育养老保险市场;"市场上老年公寓"供不应求,显然是个商机;开发适合老年人使用的简便、廉价的电子商品,也是一个很好的选择;能够满足老人娱乐和社交需求的商品,也会受到老人的欢迎;据调研,有2/3的老人希望由专业的护理人员上门做居家养老服务,这更是一个大市场;老人的心理健康问题长期以来一直被市场忽视,几乎是空白;老年保健品市场一直给商家带来不菲的利润。

老年市场应该以老人和他们的子女为目标群体。

2. 中年化的空巢家庭

这是45~60岁的中年人。很多人还没有退休,又没有什么家庭负担,有较高的购买力。他们的消费观念不同于老年人,他们的消费观念新潮,"有钱就应该花"的心理非常强烈。健身、美容、打牌、旅游、到饭店换口味,到大自然去享受人生,是他们习惯的生活方式,也愿意接受高档次老年公寓的消费;他们的保险意识、精神文化消费意识也比较强,是推动空巢市场发展的主要力量。

空巢中年女性的心理失落感大。常感焦灼、空虚、烦躁,挂念孩子的一切,对丈夫有越来越多的抱怨,容易产生心理危机。企业应该适时为她们提供情感需求和能使生活趋于多元化活动的商品,如旅游、摄影、钓鱼、瑜伽、美容、美发、练字、绘画、打拳、舞蹈、唱歌等;购买力强的中年女性,可以选购高档护肤品、高档服装、和老朋友小聚会餐,甚至可以买辆小车学驾驶,扩大生活的半径。

---

① 该报告由华东师范大学心理学院等机构联合发布。针对全国1227位孕妇及孩子年龄在0—1岁、1—3岁、3—6岁的年轻妈妈做了抽样调查,解读了当代中国亲子家庭育儿现状和变化趋势。

六、不同区域及职业消费者的心理特点

区域之间经济发展不平衡,职业岗位劳动报酬的不同,客观上形成了文化、心理上的差异,导致需求的不同。企业要开拓新的市场,就必须对不同的区域市场、不同职业人群的购买力水平有深刻的了解,利用商品扩散的规律进行未雨绸缪的营销策划。

不同区域由于自然环境、社会环境、历史传统与文化传统的制约和影响,会有不同的消费特征和消费习惯。从而对商品的原材料、设计、加工、款式、造型、包装、装潢等,产生深刻的影响,形成有浓厚区域文化特色的商品。

职业差别会影响收入,从而出现购买力的差距。根据职业特点和收入的不同,可以简单概括为白领和蓝领两个不同的职业类别。

白领购买力的强弱是测定城市经济发展水平的重要指标。白领,是高雅、时尚的代名词。白领阶层消费心理的共性是:追求时尚、享受生活、贴近时代气息、关注文化素质提高和精神层面的消费。

然而,在消费领域,企业对白领的购买力期望过高。很多企业选择白领作为目标群体进行市场细分,相对忽略了蓝领群体的消费能力,尤其对"新蓝领群体"的消费心理和消费能力缺乏了解。现在,普通农民工的收入已经接近甚至超过应届大学本科毕业生的收入;部分技术工人的收入已经高于大学教授的收入;金牌月嫂的工资超过医学博士的工资。2012年,北京蓝领平均月薪3387元;上海蓝领平均月薪3479元。

据第六次全国人口普查数据,蓝领群体的人数远远大于白领群体的人数。从蓝领的消费总量来看,蓝领的消费能力总量也远超城市白领。调查显示,即使在北京、上海、广州,白领的消费总量也不及蓝领消费总量的一半。在绝大多数蓝领型城市,白领的消费总量不到蓝领消费总量的10%。

蓝领虽然蕴有巨大的购买力,但是企业却很少有专门为蓝领消费塑造的品牌商品,从而使蓝领群体的消费积极性没有充分发挥,购买力没有完全释放。

> **观察与思考**
>
> 请到某个大型商场,观察不同类型顾客的购物表现,以及营销员接待顾客的情况。想一想,如果你是顾客,你会有什么样的心理?如果你是营销员,又会有什么样的心理?

参 考 文 献

[1] 郭化若.孙子兵法·谋攻篇[M].上海：上海古籍出版社,2006.
[2] 金良年译注.孟子·离娄上[M].上海：上海古籍出版社,2004.
[3] 陈兆祥.生意场上动灵机[J].中小企业科技信息,1999,(10).
[4] 古德温,敬中一译.国际艺术品市场(上)[M].北京：中国铁道出版社,2010.
[5] 吕友仁.礼记讲读[M].上海：华东师范大学出版社,2009.
[6] 李建国.孟子告子上[M].北京：高等教育出版社,2008.
[7] 约翰内斯·伊顿.色彩艺术[M].世界图书出版公司,1999.
[8] 黑格尔.贺麟译.小逻辑[M].北京：生活·读书·新知三联书店,1954.
[9] 芮娜.整合营销[J].世界经理人,2012,(11).
[10] 迈克尔·贝里达尔.沃尔玛策略[M].北京：机械工业出版社,2006.
[11] 耿邦昊,洪涛.超市行业深度报告：中国超市,难出沃尔玛[N].平安证券,2012-10-09.
[12] 柏拉图.柏拉图的智慧[M].北京：中国电影出版社,2007.
[13] 沈春梅,李海梅.浅谈情感营销品牌[J].理论月刊,2011,(03).
[14] 熊彼特.经济发展理论[M].北京：北京出版社,2008.
[15] 李淑贤.消费者心理对企业营销业绩的影响分析[J].山西煤炭管理干部学院学报,2007,(03).
[16] 〔美〕凡勃伦.有闲阶级论[M].北京：商务印书馆,2004.
[17] 单凤儒.营销心理学(第二版)[M].北京：高等教育出版社,2009.
[18] 童明.营销心理学[M].合肥：中国科学技术大学出版社,2009.
[19] 熊素芳.营销心理学[M].北京：北京理工大学出版社,2006.
[20] 冯丽云.营销心理学[M].北京：经济管理出版社,2010.
[21] 西奥迪尼.张力慧译.影响力[M].北京：中国社会科学出版社,2003.
[22] 陈思.营销心理学[M].广州：暨南大学出版社,2010.
[23] 彭聃龄.普通心理学[M].北京：北京师范大学出版社,2008.
[24] 格里格,津巴多.王垒,王甦译.心理学与生活(第十六版)[M].北京：人民邮电出版社,2003.
[25] 林崇德.发展心理学[M].北京：北京师范大学出版社,1991.
[26] 侯玉波.社会心理学[M].北京：北京大学出版社,,2007.
[27] 郭秀艳.实验心理学[M].北京：人民教育出版社,2004.
[28] 张厚粲.现代心理与教育统计学(第三版)[M].北京：北京师范大学出版社,2009.
[29] 郑日昌.心理与测量学[M].北京：人民教育出版社,1999.
[30] 钱铭怡.心理咨询与治疗[M].北京：北京大学出版社,,2009.
[31] 程正方.现代管理心理学(第四版)[M].北京：北京师范大学出版社,2009.
[32] 陈会昌.人格心理学[M].北京：中国轻工业出版社,2000.
[33] 许燕.人格心理学[M].北京：北京师范大学出版社,2008.
[34] 丹尼斯·库恩.心理学导论——思想与行为的认识之路(第九版)[M].北京：中国轻工业出版社,2004.
[35] 艾森克.心理学——一条整合的途径(上、下)[M].上海：华东师范大学出版社,2001.
[36] 孟昭兰.普通心理学[M].北京：北京大学出版社,2003.
[37] 张春兴.现代心理学[M].上海：上海人民出版社,1994.
[38] 崔丽娟.心理学是什么[M].北京：北京大学出版社,2003.